Practice in

University of
Hertfordshire

for students of German Grammar

Alan G Jones and
Gudrun Lawlor

MARY GLASGOW PUBLICATIONS

The authors wish to acknowledge their indebtedness to Professor Martin Durrell, whose *Using German,* and revised edition of *Hammer's German Grammar and Usage* have proved particularly useful in the preparation of this book.

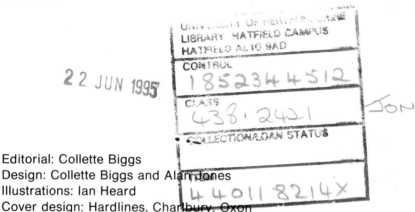

Editorial: Collette Biggs
Design: Collette Biggs and Alan Jones
Illustrations: Ian Heard
Cover design: Hardlines, Charlbury, Oxon

© Mary Glasgow Publications 1992
First published 1992
Reprinted 1993 (twice)
ISBN 1-85234-451-2

Mary Glasgow Publications
An imprint of Stanley Thornes (Publishers) Ltd
Ellenborough House
Wellington Street
Cheltenham GL50 1YD

Typeset by the authors
Printed in Great Britain

Contents

Using this book

Use this book to find out about and practise grammatical points that are causing you problems in your written or spoken German. You can work through it in sequence, or look up specific points as required.

- Use the Index at the back of the book to find out where a particular point is explained and practised.

- For each unit, study the dialogue at the start to find out how the grammatical structures covered are used in context. Use a dictionary to look up essential vocabulary. The phrases underlined are explained and in most cases translated later in the unit.

- Read the explanation of the grammar rules in English and make sure you fully understand them.

- Learn by heart the German examples of each structure.

- Test your understanding by doing the exercises linked to each section. Write out the whole sentence or passage rather than just the word or phrase asked for.

- Check your answers with the correct version at the back of the book (pages 185-214). Pay particular attention to any you got wrong; re-read the rules to see why you got them wrong, and if you still cannot understand why, consult your teacher.

- Most of the exercises are based on a limited vocabulary related to the dialogues. A few, however, are deliberately more wide-ranging to add interest.

- Only learning by heart and frequent consolidation will enable you to fully master German grammatical structures so that you can use them confidently in your own written and spoken German.

- As you read more German, you will become aware of variations in style which may diverge from some of the grammar 'rules'. Make a note of these, and discuss them with your teacher.

Glossary of grammatical terms

Nouns

● A noun is a word used to name a person or an object or an abstract quality

ein **Student**	*a student*
eine **Schreibmaschine**	*a typewriter*
die **Schönheit**	*beauty*

● In German all nouns are written with an initial capital letter.

● Nouns may be masculine, neuter or feminine (***gender***), and they may be singular or plural (***number***).

Determiners

● A determiner indicates which nouns you are talking about. There are various types of determiner.

● Both German and English have a ***definite article***

   der, das, die   *the*

and an ***indefinite article***

   ein, eine   *a*

German also has a negative indefinite article

   kein, keine   *not a*

● ***Possessives*** indicate who the noun belongs to

mein, meine	*my*
sein, seine	*his*

- *Demonstratives* are words such as

dieser, dieses, diese	*this*
jeder, jedes, jede	*every*

Adjectives

- An adjective is a word used to describe a noun

ein **neuer** Rock	*a new skirt*
der Anzug ist **teuer**	*the suit is expensive*

- Adjectives may be *free-standing*

  der Anzug ist **teuer**

  or part of a *noun phrase*, i.e. they precede a noun

  ein **neuer** Rock

  When free-standing, German adjectives do not take endings; when part of a noun phrase, they do.

- The *comparative* form of an adjective is used when making comparisons between two people or things

Der Rock ist **teurer** als die Bluse	*The skirt is more expensive than the blouse*

- The *superlative* form is used to compare something or someone to two or more others

Das ist die **teuerste** Bluse	*That is the most expensive blouse*

Pronouns

- A pronoun stands in for a noun to avoid repetition

     er   *he*   **uns** *us*

- *Relative pronouns* are used to express *who* or *which*

     Der Mann, **der** mit mir arbeitet, heißt Karl
     The man who works with me is called Karl

- *Reflexive pronouns* refer back to the subject

     Ich wasche **mich**   *I wash myself*

Cases

- Case indicates the role of a noun or pronoun in the sentence. German has four cases: nominative, accusative, dative and genitive.

- The *nominative* case is used for the subject of the sentence

     Der Mann heißt Karl   *The man is called Karl*

- The *accusative* case differs from the nominative only for some pronouns and for masculine singular nouns. It is used to indicate the *direct object* of the action of the sentence
     Ich kenne **den Mann**   *I know the man*

- The *dative* is used for the *indirect object*, the person to whom something is being given, shown etc.

     Ich zeige **dem Mann** den Weg   *I show (to) the man the way*

- The *genitive* is used to indicate possession

     die Freunde **des Mannes**   *the man's friends*
                                        (the friends of the man)

- The case of a noun or pronoun may also be determined by prepositions and some verbs.

Verbs

● A verb is a word which tells us what someone or something does or is or what someone thinks or feels.

    Susan **fährt** nach Deutschland   *Susan goes to Germany*
    Sie **kommt** aus Hertfordshire   *She comes from Hertfordshire*

● Both the above examples are in the **present tense** because they are indicating something going on at the time of speaking.

● To talk about things that have happened in the past, German uses either the **simple past**

    Sie **lernte** Deutsch in der Schule   *She learnt German at school*

or the **perfect tense**

    Susan **hat** Deutsch **gelernt**   *Susan has learnt German*

● In the above examples, the verb or the first part of the verb takes an ending which reflects the person or thing which is its subject. A verb form which takes such an ending is known as a **finite verb**. The perfect tense in the last example is composed of a finite form of *haben* together with the **past participle.**

● German also has a **present participle** which is often used as an adjective

    ein **singender** Polizist   *a singing policeman*

● The most important non-finite form of a verb is the **infinitive.** This is the form listed in dictionaries and equates to the English *to.....*

    singen   *to sing*

● To express actions in the **future**, German uses a finite form of **werden** together with the infinitive.

● German has many *compound verbs* which may be *separable* or *inseparable*. With a separable verb, a prefix is added which remains joined to the verb in all non-finite forms but goes to the end of the clause in finite forms.

> **aufstehen**   *to get up*
> Ich **stehe** früh **auf**   *I get up early*

With an inseparable verb, the two parts always remain joined.

> Ich **unterschreibe** den Brief   *I sign the letter*

● Where the emphasis is on the action rather than on the subject, and especially if the subject is not stated, you use the *passive* . This consists of a finite form of **werden** together with the past participle.

> Die Briefe **werden sortiert**   *Letters are sorted*

● German has two *subjunctive* forms, subjunctive 1 and subjunctive 2. Subjunctives are used to express what might happen or what somebody else has said

> Er sagt, er **sei** Student   *He says he is a student*
> wenn ich reich **wäre**   *if I were rich*

● The *imperative* form is used for instructions and requests

> **Gib** mir bitte den Dosenöffner   *Please give me the tin-opener*

Adverbs

● An adverb is used to say more about a verb, an adjective or another adverb

> Sie spricht **gut** Deutsch   *She speaks German well*
> Die Bluse ist **sehr** schön   *The blouse is very nice*

● In German, adjectives can be used as adverbs without any further ending. In addition, there are some adverbs which can only be used as such, e.g. **sehr** *(very)*, **beispielsweise** *(for example)*.

Prepositions and conjunctions

● A *preposition* is used to integrate a noun or pronoun into the rest of the sentence, normally in a phrase which indicates time, place or how an action is done. Prepositions determine the case of the following pronoun or noun.

durch das Fenster	*through the window*
mit dem Zug	*by train*
um vier Uhr	*at four o'clock*

● *Conjunctions* join together two words or two parts of a sentence.

Es wird gesungen **und** getanzt	*There was singing and dancing*
Einige geben auf, **weil** es zu schwer ist	*Some give up because it is too difficult*

The sentence

● A complete sentence must contain at least one finite verb. In a German **statement**, only one concept comes before the finite verb.

Große Unterschiede **gibt** es nicht
There are no major differences

● In a **question** or **request**, the verb can begin the sentence

Kommt er aus Deutschland?	*Does he come from Germany?*
Singt uns ein Lied!	*Sing us a song*

● A sentence will contain at least one **main clause**. There may be more than one main clause:-

Carla kommt aus Deuschland, aber Susan kommt aus England
Carla comes from Germany but Susan comes from England

● There may also be one or more **subordinate clauses**. In a German subordinate clause, the finite verb goes to the end.

Ich fahre nach Deutschland, weil ich Deutsch lernen **will**
I am going to Germany because I want to learn German

1 Saying who does what

Woher kommt ihr?

Susan und Jane kommen aus Hertfordshire und besuchen
ihre Brieffreundinnen Carla und Ute in Frankfurt. Die vier
Mädchen <u>gehen</u> zusammen zur Disko des Sportvereins.   1.2
Hans, ein Freund von Ute und Carla, stellt ihnen einige Fragen.

Carla	Guten Tag, Hans. Ute und ich bringen heute unsere Brieffreundinnen aus England mit. <u>Sie</u> sind zu Besuch bei <u>uns</u>. <u>Wir</u> sind ja Mitglieder des Sportvereins. Können sie hier bleiben?	1.1 1.7 / 1.1
Hans	Aber klar. Woher <u>kommt</u> <u>ihr</u>?	1.2 / 1.1
Susan	<u>Ich komme</u> aus Hatfield. Wissen Sie, wo Hatfield liegt?	1.2
Hans	Nein, das <u>weiß</u> ich nicht, aber das erklärst du <u>mir</u> bestimmt. Ich schlage überhaupt vor, daß wir uns duzen. Natürlich, wenn es <u>euch</u> recht ist. Ich duze Carla und Ute auch.	1.3 / 1.7 1.7
Susan	Ich denke, das dauert doch eine Weile....	
Hans	Ach, was! Wir sind in Deutschland nicht mehr so förmlich und höflich, wie das in euren englischen Schulbüchern steht. Unter <u>uns</u> Sportlern ist das „Du" schon lange die Norm. Also, ich heiße Hans. Und wie heißt deine Freundin? Ich kenne <u>sie</u> noch nicht.	 1.7 1.6
Susan	Entschuldigen Sie, eh, entschuldige, darf ich <u>dir</u> Jane vorstellen. <u>Sie kommt</u> auch aus der Nähe von Hatfield.	1.7 1.2
Hans	Guten Tag, Jane.	

Jane Guten Tag, Hans. Vielen Dank, daß wir hier bleiben
dürfen. <u>Ich bin</u> sehr froh, junge Leute in einer Disko   1.4
kennenzulernen, und dann noch die Disko des
Sportvereins. Können wir etwas für <u>dich</u> tun?   1.6

Hans <u>Singt</u> uns doch bitte ein englisches Lied, damit wir   1.5
etwas von England lernen. Jean-Marie kommt aus Paris,
<u>er singt</u> dann noch einen französischen Chanson.   1.2
<u>Tanzt</u> du mit <u>mir</u>? Peter, <u>komm</u> mal her, hier ist eine   1.3 / 1.5
Engländerin, willst du mit <u>ihr</u> tanzen? Sie heißt übrigens   1.7
Susan.

Willst du mit ihr tanzen?

1.1 Pronouns in the nominative

Er singt   Sie sind zu Besuch   Woher kommt ihr?
Wir sind Mitglieder

● We use the term **pronoun** to mean a small word which stands in for the name of a person or thing. If we are talking about Susan, we may not wish to say *Susan* every time, but could say *she.*

The term **nominative** distinguishes those pronouns which denote the subject of the sentence (*I, we, she*) from others such as *me, us, them* which we shall consider later in this chapter.
The nominative pronouns in German are:-

	Singular		Plural	
1st person (the speaker)	**ich**	*I*	**wir**	*we*
2nd person (the person spoken to)	**du** **Sie**	*you (familiar)* *you (polite)*	**ihr** **Sie**	*you (familiar)* *you (polite)*
3rd person (anybody or anything else)	**er** **sie** **es**	*he (or 'it' for a masculine noun)* *she (or 'it' for a feminine noun)* *it (neuter nouns)*	**sie**	*they*

● The choice of whether to use **du/ihr** or **Sie** can be problematic. For children, animals and close friends, **du** and **ihr** are used, while **Sie** is used for people you do not know. But among the younger generation, students etc. there is an increasing tendency to move to **du** fairly rapidly, as illustrated in the above dialogue. In the plural it is possible to use **ihr** for a small group even if only one or two of them are people to whom you would normally say **du**.

● Note that **ich** is written with a lower case 'i' (unless, of course, it starts the sentence). Conversely, **Sie**, the formal *you* is always written with a capital. In letter writing, **du** and **ihr** are also written with capital letters.

➡ **A**   Rewrite the following statements, replacing the words in italics with the appropriate pronoun:-
1   *Hans* bittet Jane um einen Tanz.
2   *Jane* besucht ihre Freundin in Frankfurt.
3   *Susan, Jane, Carla und Ute* gehen zur Disko des Sportvereins.

➡ **B**   Complete the following with the appropriate pronoun:-
1   Carlas Eltern sagen: „ __ fahren zusammen nach Alzey.“
2   Susan fragt Jane: „ Kommst ___ mit zur Disko des Sportvereins?“
3   Carla sagt zu ihren Eltern: „ ___ gehe heute abend mit Jane aus.“
4   Carlas Mutter fragt die zwei Mädchen: „Wann kommt ___ heute abend zurück?“
5   Carla fragt ihren Lehrer: „Haben ___ Jane schon kennengelernt?“

1.2 Present tense — regular

ich komme   sie kommt   die Mädchen gehen
er singt   das dauert noch   woher kommt ihr?

● Verb forms in German consist mainly of a *stem* and an *ending*. The 'stem' is identified by taking the infinitive form (the form you can look up in a dictionary) and removing the final -en or -n. The 'ending' on the verb has to relate to the person doing the action; thus it is **ich singe** but **er singt** etc. The full list for **singen** *(to sing)* is:-

ich	sing **e**
du	sing **st**
er/sie/es	sing **t**
wir/Sie/sie	sing **en**
ihr	sing **t**

● Note that the 'infinitive' (the 'to......' form which is the one you will find in dictionaries) always ends in -n. This is always the same as the wir/Sie/sie form except in the case of **sein** — see section 1.4).

● The vast majority of verbs in German follow this pattern. Further examples in this chapter are:-

        bleiben   *to stay*
        kommen   *to come*
        besuchen *to visit*

● Don't fall into the trap of translating a phrase like *he is singing* with anything that starts **er ist....**! While English has three ways of expressing the present (e.g. *he sings, he is singing* and in questions *does he sing?*), there is only one way of saying this in German: **er singt, singt er?**

➡ **A** Study the following description of Carla's daily routine, and underline or make a note of all the verbs:-

„Ich gehe jeden Tag zu Fuß zur Schule. Die Schule ist nicht weit vom Haus. Die erste Stunde beginnt um 7.50 Uhr. Meist komme ich sogar pünktlich! Mittags um 13.00 Uhr ist die Schule zu Ende. Nachmittags mache ich Schulaufgaben. Das geht sehr schnell. Meist besuche ich etwas später eine Freundin. Wir sitzen zusammen, plaudern, hören Musik, erzählen von Freunden und planen etwas für das Wochenende. Abends bleibe ich meistens zu Hause, aber manchmal gehe ich aus. Ganz selten spüle ich das Geschirr oder schreibe Briefe."

➡ **B** Now imagine that it is Ute who is describing Carla's daily routine. Write out how she would tell it. You will need to alter some of the verbs, but not all. Start: „Sie geht jeden Tag....."

➡ **C** Susan takes a little while to get used to using 'du'. Here are some questions she asks Peter as they are dancing. How should she have phrased them?

1   Wo wohnen Sie?
2   Gehen Sie noch zur Schule?
3   Kommen Sie oft in die Disko?
4   Wie lange kennen Sie schon Carla?

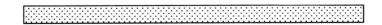

1.3 Present tense — variations

Tanzt du mit mir? **Das weiß ich noch nicht**

● There are a number of verbs where the 2nd and 3rd person singular (i.e. the **du** and the **er/sie/es** forms) are slightly different from what they would be if the verb were completely regular.

Verbs whose stem ends in **-d** or **-t** add an additional 'e' to make the forms more pronounceable

arbeiten *(to work)*	ich arbeite	du arbeit**est**	er arbeit**et**
finden (*to find*)	ich finde	du find**est**	er find**et**

Verbs ending in **-s**, **-ß**, **-ss** or **-z** do not add a further 's' in the 2nd person

tanzen *(to dance)*	ich tanze	du tan**zt**	er tanzt
heißen *(to be called)*	ich heiße	du hei**ßt**	er heißt

Many verbs whose stem vowel is **e** change this in the 2nd and 3rd persons to **i** or **ie**

geben *(to give)*	ich gebe	du g**i**bst	er g**i**bt
sehen *(to see)*	ich sehe	du s**ie**hst	er s**ie**ht

Many verbs whose stem vowel is **a** or **au** add an Umlaut in the 2nd and 3rd person.

fahren *(to drive)*	ich fahre	du f**ä**hrst	er f**ä**hrt
laufen *(to run)*	ich laufe	du l**äu**fst	er l**äu**ft

The most important divergence in the 1st person (the **ich** form) is with verbs ending in **-eln**. Here the **e** is often dropped.

basteln *(to build)*	ich bast**le**	du bastelst	er bastelt
sammeln *(to collect)*	ich samm**le**	du sammelst	er sammelt

● A verb which is irregular in the whole of the singular is

wissen *(to know)*	ich weiß	du weißt	er weiß

● In a good dictionary, you will find these words listed in a list of 'German irregular verbs' (sometimes 'German strong verbs'). Some of the most important strong verbs are listed on pages 110-111 of this book.

➡ **A**   Write out the full present tense of
lesen
fahren
arbeiten

➡ **B**   In the course of the dance, Susan tells Peter about herself. Later he relates to Hans what he has found out about her! Here are Susan's statements; how does Peter relate them?
e.g.   Ich lese jeden Morgen die Zeitung
        Sie liest jeden Morgen die Zeitung
1   Ich fahre gern zum Einkaufen in die Großstadt
2   Ich bastle gern Geschenke für die Familie
3   Ich sammle Briefmarken
4   Ich arbeite samstags als Verkäuferin in einem Gemüsegeschäft
5   Ich schreibe gern Briefe

➡ **C**   Susan writes to her friend in England what Peter has told her. Here is Peter's story; retell it as she would, beginning with „Er kommt...."
Ich komme aus Usingen und arbeite als Computerprogrammierer in Frankfurt. Ich spreche etwas Englisch, in der Computerindustrie sprechen wir fast alle Englisch. Ich finde die Arbeit sehr interessant. Ich treibe viel Sport, besonders Leichtathletik und laufe 100 m.

Ich bastle gern Geschenke für die Familie

1.4 *sein* and *haben*

Ich bin doch froh   Wir sind nicht mehr so förmlich

● These verbs are irregular in most languages. In German the forms are:-

	sein	haben
	to be	*to have*
ich	bin	habe
du	bist	hast
er/sie/es	ist	hat
wir/Sie/sie	sind	haben
ihr	seid	habt

● Note that 'sein' is the only verb in German where the wir/Sie/sie form is different from the infinitive.

➡ **A**   Complete the following with the appropriate form of 'sein':-
1   Ich ___ Deutsche
2   Sie ___ Polin
3   Das ist Jean Paul. Er ___ Franzose
4   Du ___ Engländerin
5   Wir ___ alle Europäer!
6   Ihr ___ Ausländer, nicht wahr?
7   Die Mädchen kenne ich nicht. ___ sie aus England?
8   Ich habe ein Haustier. Es ___ ein Kätzchen

➡ **B**   Insert the appropriate form of haben.
1   Ich ___ einen Bruder, der im Tennis viele Pokale gewinnt.
    ___ du eine Schwester? Hans ___ eine Schwester, die in Alzey ein
    Weingut ___ .
2   Das Kätzchen ___ ein schmutziges Wollbällchen.
3   Wir ___ an unserer Schule zur Zeit viele Engländer und Franzosen
    zu Besuch. Sie ___ alle sehr gute Deutschkenntnisse. ___ ihr auch
    oft Schüler aus anderen europäischen Ländern zu Besuch?
4   Carla fragt Ihren Trainer: „___ Sie etwas dagegen, wenn ich meine
    englische Freundin zum Training mitbringe?"

1.5 Imperatives

Komm mal her! Singt uns ein Lied!

- The term *imperative* strictly speaking means *command* but these forms are used for polite requests as well. Their formation is simple:-

- If you are addressing someone as **du**, the imperative form is the same as the **ich** form, with the final **-e** usually dropped.

		Imperative
kommen *(to come)*	ich komme	komm!
fahren *(to drive)*	ich fahre	fahr!

e.g.   Komm bitte morgen wieder!
Please come again tomorrow

But verbs which change the **e** vowel to **i** or **ie** in the 2nd person also change it in the imperative
e.g.   geben *(to give)*   du gibst   gib!
      sehen *(to see)*   du siehst   sieh!
And **sein** has an irregular form:-
      sein   ich bin, du bist   sei!

NOTE   There is usually an exclamation mark at the end of the sentence in which an imperative is used.

- For groups of people whom you address as 'ihr' the imperative stays the same. There are no exceptions.

kommen	ihr kommt	kommt!
fahren	ihr fahrt	fahrt!
sein	ihr seid	seid!

- For people whom you address as 'Sie', the imperative is again the same form, but the verb precedes the pronoun

kommen	Sie kommen	kommen Sie!
fahren	Sie fahren	fahren Sie!

The one exception is 'sein'

sein	Sie sind	seien Sie!

➠ Complete the following requests using the verbs in brackets:-

1 Peter, ___ mir bitte deine Adresse! (geben)
2 Peter, ___ mal her! (kommen)
3 Peter, ___ mit Susan! (tanzen)
4 Kinder, ___ bitte für mich zum Supermarkt! (gehen)
5 Susan und Carla, ___ uns doch bitte ein englisches Lied! (singen)
6 ___ mir bitte sofort, wenn du in Deutschland bist (schreiben)
7 ___ Sie diese Tabletten dreimal täglich! (nehmen)
8 ___ Sie mir bitte, wo Cambridge liegt! (sagen)
9 ___ drei Eier und ___ sie in die Pfanne, dann hast (holen, schlagen)
du schnell etwas zu essen.

1.6 Pronouns in the accusative

für dich   ich kenne sie noch nicht

● Compare the following sentences in English:-
He is in the room   *I can see him*
The reason we use *he* in the first example and *him* in the second is that in the first sentence, 'he' is the subject of the sentence, i.e. he is doing the action, whereas in the second sentence, 'he' is on the receiving end of the action, i.e. is the 'object'. Similar pairs in English are *I—me, we—us, they—them* etc.

● The grammatical term for these object forms is **the accusative case.** The accusative forms of the pronouns are as follows. You will note that not all of them differ from the nominative.

	Singular		Plural	
	Nom.	Acc	Nom.	Acc.
1st person	ich	**mich**	wir	**uns**
2nd person	du	**dich**	ihr	**euch**
	Sie	Sie	Sie	Sie
3rd person	er	**ihn**	sie	sie
	sie	sie		
	es	es		

● Remember that **es** can only stand in place of a neuter noun; masculine and feminine nouns in the accusative are replaced by **ihn** and **sie** respectively.

● The accusative is also used after certain prepositions (short words which indicate relationships, e.g. *for, without*). The most important of these are:-

durch *through*   **ohne** *without*
für *for*   **um** *around*
gegen *against*

➡ Answer the following questions with 'Ja, ...' and shorten your replies by replacing the words in italics with the appropriate pronoun.
e.g. Kaufst du *die neue Schallplatte?*
    Ja, ich kaufe *sie.*
1   Kennst du *Peter?*
2   Kennst du *Jane?*
3   Besuchst du *meine Eltern* nächste Woche?
4   Schickst du *das Paket* nach England?
5   Liest du *die Zeitung* ?
6   Schreibst du *den Brief?*
7   Hast du einen Brief für *Carla?*
8   Hast du ein Geschenk für *Hans?*
9   Schreibst du *den Brief* morgen?
10   Verstehst du *mich?*
11   Siehst du *uns?*

1.7 Pronouns in the dative

zu Besuch bei mir **unter uns** **wenn es euch recht ist**
Willst du mit mir tanzen?

● There is a third form of the pronouns, known as the *dative case*.
This is used primarily to indicate the person to whom something is
given, shown, told etc.
e.g. Ich gebe **ihr** Blumen
*I give **her** flowers. (I give the flowers **to her**)*
Here the object of the action is clearly the flowers. We could in English
say *to her*, but we would not always do so. To express the *to* .... idea,
German uses the dative.

● The forms of the dative in German are:-

	Singular			Plural		
	Nom.	Acc.	Dat.	Nom.	Acc.	Dat.
1	ich	mich	**mir**	wir	uns	uns
2	du	dich	**dir**	ihr	euch	euch
	Sie	Sie	**Ihnen**	Sie	Sie	**Ihnen**
3	er	ihn	**ihm**	sie	sie	**ihnen**
	sie	sie	**ihr**			
	es	es	**ihm**			

● The most important verbs which frequently require both an accusative and a dative object are:-

geben	*to give*	**schenken**	*to give as a present*
zeigen	*to show*	**erklären**	*to explain*

e.g. Ich gebe **ihr** den Schlüssel
I give her the key

● There are also some verbs which require a dative as their only object. They are normally verbs which indicate some sort of indirect effect, e.g. **helfen** *to help,* which can be expressed as *to give help to*; or **danken** *to thank* = *to give thanks to.*

The main verbs with dative object are

danken	*to thank*	**gehören**	*to belong to*
erzählen	*to tell*	**helfen**	*to help*
folgen	*to follow*		

e.g. Ich helfe **ihm**
I help (= give help to) him

In addition, there are some very frequent stock phrases which involve datives. These include:-

Es gefällt mir	*I like it*
Wie geht es dir/euch/Ihnen?	*How are you?*
Es tut mir leid	*I am sorry*
Mir ist warm	*I am feeling warm*
Was fehlt dir?	*What's wrong with you?*

● The most important prepositions taking the dative are:-

aus	*from*	**seit**	*since*
bei	*at, at the home of*	**von**	*from*
mit	*with*	**zu**	*to*
nach	*after, to*		

➡ **A**   In the following statements about Jane's stay at Carla's home, replace the words in italics with the appropriate pronoun.

e.g   Jane und Susan helfen *Carlas Mutter*
    Jane und Susan helfen *ihr.*
1   Jane wohnt bei *Carla*
2   Das Haus gehört *Carlas Eltern.*
3   Carla zeigt *Jane* die Sehenswürdigkeiten von Frankfurt
4   Jane fährt auch mit *Carla* nach Heidelberg
5   Jane erzählt *Carlas Bruder* von ihrer Schule in England
6   Jane gibt *Carlas Eltern* ein Geschenk aus England
7   Carlas Eltern danken *Jane* dafür.

➡ **B**   Carla's mother also asks Jane a lot of questions. Answer them on Jane's behalf, remembering to be as polite and helpful as possible to your German hostess! She may use **du** to you, but you reply with **Sie.**

1 Hilfst du uns im Hause?
2 Sprichst du bitte etwas Englisch mit mir?
3 Geht es dir gut?
4 Wohnst du gerne bei uns ?
5 Gefällt es dir hier in Frankfurt?
6 Schreibst du uns aus England?

➡ **C**   In the following sentences, some of the names in italics will need to be replaced with nominatives, some with accusatives and some with datives.

1 *Carla* wohnt in Frankfurt
2 Wo ist *Peter?*
3 Carla schenkt *Susan* ein Buch über Frankfurt
4 Peter kennt *Susan* noch nicht
5 Susan kennt *Peter* auch noch nicht
6 Susan erzählt *Carla und Ute* von England
7 *Peter* tanzt mit *Jane*
8 Susan zeigt *Peter* einige Bilder von ihrer Familie
9 Frankfurt gefällt *Susan* gut
10 Das ist ein Bild von *Susans Mutter*

➡ **D**   To practise several points you have learnt in this chapter, complete the following passage by translating the words in italics:-
Susan *(comes from)* Hatfield in der Nähe von London. *(She goes)* auf eine Mädchenschule und *(she likes it)*. *(She is learning)* vier Fächer: Deutsch, Geschichte, Erdkunde und Englisch. *(She finds)* Geschichte ganz leicht, aber Deutsch *(is)* sehr schwer. Sie treibt viel Sport, besonders Leichtathletik. *(She runs)* gern 100 m. Samstags *(she goes)* oft mit ihren Freundinnen in die Disko, aber manchmal *(they go)* auch nach London.

2 Talking about people and things

Auf dem Weingut

Hans fährt Carla und Susan nach Alzey; sie besuchen den <u>Schwager</u> und die <u>Schwägerin</u> von Hans, die dort ein <u>Weingut</u> haben		2.2 2.3

Hans	Susan, das ist mein Schwager Karl. Er ist der Winzer in unserer Familie.	
Susan	Guten Tag, Herr Höfer. Hans hat mir schon von Ihnen erzählt. Das ist das erste <u>Mal</u>, daß ich auf einem Weingut bin.	2.1
Karl	Herzlich willkommen! Was kann ich Ihnen über unsere <u>Weine</u> erzählen?	2.4
Susan	Ist das ein Familienbetrieb?	
Karl	Ja, fast alle <u>Weingüter</u> hier sind immer noch <u>Familienbetriebe</u>. Aber wir arbeiten als Winzergenossenschaft zusammen und verkaufen unsere Weine in alle Welt.	2.3/ 2.4 2.3/ 2.4
Susan	Arbeiten nur die <u>Familienmitglieder</u> bei der Weinlese?	2.3/ 2.4
Karl	Ja, das machen wir alles selbst.	
Elfriede	Was erzählt Ihnen mein Mann jetzt? <u>Der</u> spinnt wirklich. Bei der Weinlese brauchen wir <u>jedes Jahr</u> viele <u>Helfer</u>. <u>Dieses Jahr</u> waren auch junge Leute aus Osteuropa da, ein <u>polnischer Student</u> und seine <u>ungarische Freundin</u>. <u>Die</u> wollen auch nächstes Jahr wiederkommen. Beim <u>Ernten</u> helfen alle mit.	2.6 2.7 2.4/ 2.7 2.1 2.1/ 2.6 2,1/ 2,2

Karl   Aber sehr viel müssen eben doch die Familienmitglieder machen. Unsere Tochter ist
Studentin, aber sie hat Gott sei Dank im September   2.5/ 2.2
noch Semesterferien, da hilft sie auch mit.   2.3

Elfriede Als Winzerstochter muß sie das!   2.3/ 2.5

Susan   Haben Sie nur Weißweine?   2.3

Karl   Also die Pfalz ist eigentlich durch ihre
Weißweine bekannt. Aber Deutschland hat
auch sehr gute Rotweine. Die müssen Sie   2.3
auch probieren!

Beim Ernten helfen alle mit

2.1 Capital letters for nouns

das erste Mal   beim Ernten   im September
ein polnischer Student   seine ungarische Freundin

● We use the term *noun* to denote the name of a person, place, thing or concept. In writing German, we need to know which are the nouns, because they are written with a capital letter:-
   e.g. der Schwager   die Studentin   etc.

● The most difficult nouns to identify are abstract nouns or nouns which derive from other forms of speech. For example, in the phrase *the first time*, the word *time* is a noun. So it is capitalised: **das erste Mal**. Similarly, although **ernten** (*to harvest*) would not take a capital, the noun **das Ernten** (*harvesting*) does.

● Note particularly that in German, it is only the nouns which are capitalised. Adjectives are never capitalised even if they refer to names of countries, etc. Compare the English and German:-
   ein polnischer Student   *a Polish student*
   The only occasion when words such as *Polish* or *German* are written with a capital is when referring to the language or school subject, or when they form part of a unique name:-
   wir lernen Deutsch   die Französische Revolution
   Only adjectives from town names are always capitalised:-
   der Kölner Karneval   *Cologne Carnival*

● As in English, any word beginning a sentence starts with a capital.

➡ Rewrite the following putting capital letters where required:-
1 der wein ist sehr herb.
2 meine arbeit ist abwechslungsreich.
3 die stimmung bei der weinlese ist sehr kameradschaftlich.
4 viele leute in der welt lernen englisch.
5 eine englische studentin und ihr deutscher freund lernen zusammen spanisch. das lernen macht ihnen spaß.

2.2 Gender

der Schwager   die Schwägerin   das Weingut
der September   das Mal   das Ernten

● All nouns in German belong to one of three *genders*. The gender of the noun is reflected in the *definite article* (*the*), i.e.
singular masculine nouns are preceded by **der**
singular neuter nouns are preceded by **das**
singular feminine nouns are preceded by **die.**

● In some cases, the gender of a noun will be fairly obvious from its meaning. Thus most nouns referring to male persons are masculine, most referring to female persons are feminine, etc. But even here there are exceptions, notably **das Mädchen** and **das Fräulein** (because all nouns ending in *-chen* and *-lein* are neuter; see below). The problem comes with nouns which have no obvious gender. Apart from a few general rules listed below, the only safe guideline is to learn each noun's gender as you go along. Dictionaries help the learner by indicating **der**, **das** or **die** for each noun or give an indication of gender by an abbreviation, such as
m for masculine
nt for neuter (to avoid confusion with *n*, which can simply indicate *noun*)
f for feminine

● The following general guidelines may be helpful:-

Masculine nouns include:-

a)   Names of the days, months and seasons
der Montag; der September; der Frühling

b)   Makes of cars (because it's *der Wagen)*
der BMW; der Opel

c)   Nouns ending in **-ant, -ich, -ig, -ing, -ismus, -ist, -or**
der Passant; der Teppich; der Honig; der Motor
(exception: das Labor)

Neuter nouns include:-

a)   nouns indicating 'little ...' and ending in **-chen** or **-lein**:-
      das Mädchen, das Fräulein

b)   names of hotels, restaurants and cinemas:-
      das Hilton, das Kranzler, das Roxy

c)   other parts of speech (e.g. verbs) used as nouns:-
      das Ernten, das Lernen

Feminine nouns include:-

a)   Most names of rivers:-
      die Elbe; die Ruhr; die Themse
      (but important exceptions include **der Rhein, der Main**
      and **der Neckar!**)

b)   Names of motorbikes, aeroplanes and ships:-
      die BMW; die Boeing; die Bremen

c)   nouns ending in **-heit, -keit, -ei, -ie, -ion, -schaft, -ung**
      die Einheit, die Biologie, die Bedeutung

● Many of the words denoting nationality and profession have both
masculine and feminine forms, as do the names of animals:-

der Engländer	**die Engländerin**
der Lehrer	**die Lehrerin**
der Bauer	**die Bäuerin**
der Kater	**die Katze**

➡ **A**   Use the rules above to determine the gender of the following:-

1	Mercedes	6	Gesellschaft
2	Bedienung	7	Idealismus
3	Schönheit	8	Skilaufen
4	Nation	9	Märchen
5	Käfig	10	Mittwoch

➡ **B**   Elfriede tells Susan more about her life in the vineyard:-

Die Arbeit hier ist sehr abwechslungsreich. Ich möchte nicht in der Stadt wohnen. Ich spreche mit den Kunden (wir verkaufen hier im Ausschank Wein), mache meine Abrechnung für das Finanzamt, bestelle die Helfer für die Weinlese und was so alles anfällt. Oft organisiere ich auch Weinproben für den Verkehrsverein. Ich treffe viele Besucher aus aller Welt, erzähle etwas über die verschiedenen Reben und über die Qualität des Weines. Das interessiert sie immer. Natürlich trinken wir den Wein aus unseren Alzeyer Weingläsern. Die dürfen die Besucher dann mit nach Hause nehmen.

From the above passage, pick out all the nouns and list them with their genders. You may need to look up most of them in a dictionary (unless, of course, you know or can work out their genders).

➡ **C**   There are a few pairs of words in German where the same word is used with different genders to indicate quite different meanings. Look up the following in your dictionary and list both genders and both meanings for each:-

1	Gehalt	4	Flur
2	Kunde	5	Golf
3	Leiter	6	See

2.3 Compound nouns

der Weißwein   der Rotwein   die Familienmitglieder
der Familienbetrieb   das Weingut   die Semesterferien

● Many nouns in German are composed of two or more parts. This is a feature of German which is far less common in other languages, and which can be used for efficiency of language.
  e.g. **Familienmitglieder**
    members of the family

- Some compounds, however, require the insertion of a linking element such as **-s-** or **-n-** between two of the components.
  e.g.   die Winzer**s**tochter
  der Familie**n**betrieb

- In all compound nouns it is the final component which indicates the essence of the item being described; all preceding components serve to give additional information. Thus a **Familienbetrieb** is a type of **Betrieb**. A **Rotwein** is a type of wine, etc.

  It is also the final component which determines the gender of the compound:-
  die Familie + der Betrieb = der Familienbetrieb
  der Wein + das Gut = das Weingut

- But be careful with the meaning of compounds. They do not always mean only the sum of the two meanings! For example, **das Haus** is *the house* and **der Meister** is *the master* but **der Hausmeister** is *the caretaker*! A good dictionary has to decide which compounds to list of the very many possible ones, and will try to include those whose meaning cannot be worked out from the individual parts!

➡ **A**   Form compound nouns from the following pairs of components. Give the meaning and gender for each compound.

1	der Rat	das Haus
2	der Punkt	die Zeit
3	der Betrieb	die Familie
4	der Schein	der Führer
5	das Buch	das Wort
6	die Küche	der Schrank
7	die Industrie	das Automobil

➡ **B**   Look up the following in the dictionary and decide whether the meaning of the compound is more than the sum of the parts.

1	das Einhorn	5	die Erdbeere
2	der Wasserstoff	6	der Kofferraum
3	das Damenfahrrad	7	das Frostschutzmittel
4	das Parkhaus	8	der Gartenzwerg

2.4 Plurals

Weingüter Familienbetriebe viele Helfer
unsere Weine

● In English, it is generally easy to form the plural of nouns; you simply add -s. The girl becomes the girls , the dog becomes the dogs etc. But there are exceptions such as men, mice, sheep, etc.

In German, there are several ways of forming plurals. As with genders, the only safe rule is to learn them as you go along.

In a dictionary, you will normally find two endings given after each noun. The first of these is usually the genitive (possessive) which will be covered in Unit 3. The second ending is the plural one, and the one which concerns us here. For example, for **der Betrieb** you would find the endings given as **-s/-e**. This means that the genitive form ends in an **-s** , the plural in an **-e**: **Betriebe**. Sometimes, the ending is shown as **¨-e** or **¨-er**. This means that besides adding the **-e** or **-er**, you also need to add an Umlaut to the stressed vowel in the word itself. Thus **das Weingut, -s / ¨-er** means that the plural is **Weingüter.**

● Despite the general rule about learning plurals as you go along, there are a number of categories of plural which it is helpful to know.

Masculine
The most common plural is **-e**, usually with Umlaut if there is a vowel (a, o or u) which can take one.

    der Wein   **die Weine**
    der Gast   **die Gäste**

But there are a number of nouns which could take Umlaut but do not

    der Tag   **die Tage**

Masculines ending in **-el, -er, -en** usually add nothing to form the plural, but they may take an Umlaut

    der Helfer   **die Helfer**
    der Mantel   **die Mäntel**

Neuter
Many common neuter nouns add **-e** (no Umlaut)
    das Spiel   **die Spiele**
while others add **-er**, with Umlaut if possible
    das Haus   **die Häuser**

Feminine
Feminines usually add **-n** or **-en** if appropriate to make the plural more easily pronounceable.
    die Lampe   **die Lampen**
    die Wohnung   **die Wohnungen**
but there are several common feminines which add **-e** and an Umlaut
    die Stadt   **die Städte**
Feminines with **-in** double the **n** before adding **-en**
    die Lehrerin   **die Lehrerinnen**

Imported words
Some words imported from other languages have also imported an **-s** plural
    das Appartement   **die Appartements**

● The easy aspect of plurals in German is that the definite article in the nominative case is always **die**.

➡ **A**   Rewrite the following sentences so that they refer to the plural. Note that you will need to alter not only the nouns and articles *(the)* but also the verbs (see Unit 1):-
1   Die Studentin studiert in Heidelberg
2   Der Winzer arbeitet sehr viel
3   Die Winzerstochter hilft immer mit
4   Das Weingut liegt bei Alzey
5   Das Weinglas ist kaputt
6   Das Auto fährt sehr schnell
7   Der Kunde probiert den Rotwein

➡ **B**   A small number of nouns have two meanings with separate plurals. Look up the meanings of:-
1 die Mütter — die Muttern   3 die Strauße — die Sträuße
2 die Banken — die Bänke   4 die Hähne — die Hahnen

2.5 Omission of the article

unsere Tochter ist Studentin   als Winzerstochter
sie hat Semesterferien

● In general, the article is used in German much as in English, i.e. where English requires an article, so does German. But there are some instances where English uses an article but German does not.

In particular, this applies to somebody's job, nationality or faith.
Er ist Ungar   *He is a Hungarian*
Sie ist Studentin   *She is a student*
Sie ist Katholikin   *She is a Catholic*

● German frequently omits the article where English might use 'some' or 'any'.
Ich möchte Rotwein   *I would like some red wine*
Haben Sie Weißwein?   *Do you have any white wine?*

➡ In the following examples, say what each of the people concerned does for a living. Remember that some may need feminine forms!
e.g.   Monika studiert in Frankfurt.   Sie ist Studentin
1   Hans dient in der Armee
2   Herr Höfer baut Wein an
3   Herr Grimm predigt in der Kirche
4   Susan geht noch zur Schule
5   Herr Wilhelm bäckt Brot
6   Frau Meier unterrichtet Deutsch

2.6 Articles as pronouns

der spinnt   die wollen wiederkommen

● The definite article can also be used as a pronoun. It is preferred to the 3rd person pronoun in colloquial language and to give emphasis, since the pronoun cannot normally take the stress in a sentence.

   e.g.   Der Lehrer hat lange Ferien. Der hat es gut!
            Monika studiert acht Stunden pro Tag. Die ist
            fleißig!

➡ Rewrite the following sentences, emphasising the pronoun by replacing it with the appropriate article.

1   Kennen Sie Susan? Sie wohnt in Hertfordshire.
2   Der Wein kostet 15 DM. Er ist teuer.
3   Susan tanzt mit Peter. Er kann gut tanzen.
4   Das Haus ist nicht weit vom Weingut. Es liegt schön.
5   Es gibt nur wenige deutsche Rotweine, aber sie schmecken sehr gut.

Monika studiert acht Stunden pro Tag. Die ist fleißig.

2.7 Saying *this* and *every*

jedes Jahr   dieses Jahr

● The following words take similar endings to the definite article

Masculine	Neuter	Feminine and Plural	
dieser	**dieses**	**diese**	*this*
jeder	**jedes**	**jede** (no plural)	*every*
jener	**jenes**	**jene**	*that*
welcher	**welches**	**welche**	*which*

e.g. **dieser Wein**   *this wine*
      jede Woche   *every week*
      welches Haus?   *which house?*

● In spoken German, **jener** is used far less often than in written German.

➡   Write out the following sentences, translating into German the English word in italics:-
1   *(This)* Wein schmeckt sehr gut
2   *(Every)* Winzerstochter muß bei der Weinlese mithelfen
3   *(Which)* Weine möchten Sie probieren?
4   *(This)* Weingut ist ein Familienbetrieb
5   *(Every)* Weingut braucht viele Helfer
6   *(Which)* Kunde kommt morgen?

3   Saying who things belong to

Ankunft am Campingplatz

Nach dem Besuch in Alzey gehen die jungen Leute zelten.
In der Nähe von Alzey ist <u>ein</u> schöner Zeltplatz. Natürlich   3.1
treffen sie dort noch mehr Leute.

Camper Hallo! Ich heiße Rüdiger. Sind das <u>eure</u> Sachen?   3.2
Woher kommt ihr?

Susan Ich bin aus England. Aber <u>meine</u> Freundin ist aus   3.2
Usingen. Und das sind nicht <u>unsere</u> Sachen!   3.2

Rüdiger Du kommst aus England! Ach, ich habe Verwandte
in England! Aber wo genau? Ja, ich weiß es; <u>einer</u>   3.1
wohnt in Manchester, der ist dort Ingenieur. Ich
wußte sogar den <u>Namen seiner</u> Firma, aber jetzt habe   3.6/ 3.5
ich ihn wieder vergessen.

Susan Und du? Woher kommst du?

Rüdiger Ursprünglich aus der Schweiz. Eine Branche
<u>meiner</u> Familie ist immer noch in der Schweiz.   3.5

Susan Sehr interessant, deine Familie! Aber ich habe nach
dir selbst gefragt. Wo wohnst du, zum Beispiel?

Rüdiger Ach, meine Freunde fahren gerade weg, die warten
nicht auf mich. Bis später!

Susan Das ist aber ein komischer Typ! Er redet immer von
<u>seiner</u> Familie! Reden deine Landsleute immer so   3.4
von <u>ihren</u> Familien?   3.4

Carla	Gott sei Dank nicht! Susan, hast du <u>unseren</u> Dosenöffner gesehen? Ich kann ihn nicht finden.	3.3
Susan	Bei <u>deinen</u> Klamotten, vielleicht? Das ist so unordentlich hier.	3.4
Carla	Unordentlich? Ich sehe <u>keine</u> Unordnung! Aber du hast Recht, hier ist <u>unser</u> Dosenöffner!	3.1 3.2
Susan	Na, gut. Hast du nicht gesagt, daß du Peter und Hans zum Abendessen eingeladen hast?	
Carla	Ja, sie werden wohl bald kommen. Wir müssen uns beeilen. Und hast du gehört? Im nächsten Zelt gibt es <u>einen</u> Sachsen! Man erkennt ihn sofort an der Stimme! Den müssen wir auch kennenlernen.	3.3/ 3.6

Ich kann den Dosenöffner nicht finden!

3.1 Indefinite article and *kein*

ein Zeltplatz   ein Name   einer wohnt in Manchester
keine Unordnung

● The German *indefinite article* (meaning 'a') is **ein**. Its forms are

masculine	**ein**	**ein Mann**
neuter	**ein**	**ein Haus**
feminine	**eine**	**eine Frau**

In these nominative forms, only the feminine form has an ending. Neither the masculine nor the neuter forms show the gender in the ending. We can say that they have no ending.

As in English, there is no plural form of **ein**. The article is omitted:-

> **Heute abend gibt es Bohnen**
> *Tonight we are having beans*

● German also has a negative indefinite article, **kein**. This is used to express *not a* or *no* in such expressions as

> **Ich habe kein Auto** */ don't have a car*
> **Ich sehe keine Unordnung** */ can't see any untidiness*

The forms of **kein** are similar to **ein**, i.e.

masculine	**kein**
neuter	**kein**
feminine	**keine**

and there is also a plural form: **keine**.

● When **ein** or **kein** are used as pronouns, i.e. without the noun to which they refer, they take gender endings in the masculine and neuter too: **einer/keiner** and **eins/keins**.

> **Einer wohnt in Manchester** *One (male) lives in Manchester*
> **Keiner war da** *Nobody was there*
> **Ich habe eins** */ have (got) one*

➡ An average person, a tramp and a show-off are comparing what they own.

      Der Normalbürger: Ich habe ein Haus
      Der Penner: Ich habe kein Haus
      Der Angeber: Ich habe sechs Häuser

Write out what they would say with regard to:
1 das Hemd; 2 das Auto; 3 das Radio; 4 das Motorrad;
5 die Flasche Wein; 6 das Wörterbuch; 7 die Jacke

3.2 Possessives

meine Freundin   unser Dosenöffner
unsere Sachen   eure Sachen

● The German *possessives* are:-

mein	*my*
dein	*your (fam. sing.)*
sein	*his*
ihr	*her; their*
Ihr	*your (formal; sing. and pl.)*
unser	*our*
euer	*your (fam. pl.)*

● All these are like **ein** in that they have no ending in masculine and neuter singular. (The **-er** in **unser** and **euer** is not an ending, it is part of the word itself!). For the feminine and plural, they add an **-e**.

mein Vater	*my father*
meine Mutter	*my mother*
unser Dosenöffner	*our tin-opener*
unsere Sachen	*our things*

● Like the pronouns **du** and **ihr** (see section 1.1), **dein** and **euer** are written with initial capital letters in letter-writing.

● Note that the difference between **sein** and **ihr** depends as in English on the owner, not on the thing owned. But the ending will depend on the item owned, i.e.

sein Vater	*his father*
ihr Vater	*her father*
seine Mutter	*his mother*
ihre Mutter	*her mother*

➡ Rewrite the following phrases putting into German the words in italics:-

1   Das ist (*my*) Freund
2   Hier ist (*your,* FAM. SING.) Dosenöffner
3   Kommen (*your,* FAM. PLURAL) Vorfahren aus Deutschland?
4   Ist das (*her*) Zelt?
5   Wo sind (*our*) Sachen?
6   Wie ist (*your,* FORMAL) Name?
7   Kennst du schon (*my*) Freundin?
8   Hans stellt Elfriede vor; sie ist (*his*) Schwägerin
9   Hans und Peter kommen. Ich höre schon (*their*) Auto

Ich habe sechs Motorräder

3.3 Determiners in the accusative

Hast du unseren Dosenöffner gesehen?
Es gibt einen Sachsen

● First, remind yourself of the main uses of the accusative (section 1.6).

● So far, we have met the definite and indefinite article, the words 'dieser' and 'jeder' and the possessives. A useful single term to describe all these is *determiners.* This refers to the fact that they determine which person or thing you are talking about.

● In German, determiners have an accusative form only in the masculine singular. Feminines, neuters and plurals do not change in the accusative.

The accusative forms of the most common determiners are:-

Nominative	Accusative	Nominative	Accusative
der	den	mein	meinen
dieser	diesen	dein	deinen
jeder	jeden	sein	seinen
ein	einen	ihr	ihren
kein	keinen	Ihr	Ihren
		unser	unseren
		euer	euren

● For English-speaking learners of German, the main problem with the accusative is in identifying whether a particular noun is the object of the verb or not. With pronouns, this problem does not arise, since English also has accusative pronouns (*me, him*, etc.) But English does not have a separate accusative form for determiners.

The object of the verb is the person or thing directly affected by the action, and if this is a masculine singular noun, German will use an accusative determiner. In the question
   Have you seen our tin-opener?
the subject is *you* and the object is *tin-opener.* So in German
   Hast du unseren Dosenöffner gesehen?

●   But if the question had been
     Where is our tin-opener?
  then *tin-opener* is the subject, so no accusative is required
     Wo ist unser Dosenöffner?
  A helpful rule of thumb is that no accusatives are required after the
  verbs **sein, (er)scheinen, bleiben** *to be, to appear, to remain*
  or after **werden** when used on its own to mean *to become:*
     Er ist mein Bruder *He is my brother*
     Er bleibt mein Freund *He is still my friend*

➦ **A**   In the following sentences, some of the nouns are masculine,
some are feminine and some are neuter. Decide which is which, and then
add the appropriate ending (if any!) to the determiner.
1   Sie suchen ein__ Zeltplatz
2   Wo hat er sein__ Auto geparkt?
3   Hast du mein__ Bluse gesehen?
4   Hast du unser__ Dosenöffner gesehen?
5   Wir müssen unser__ Abendessen vorbereiten
6   Unsere Zeltnachbarn suchen ihr__ Autopapiere
7   Kennst du mein__ Freund Hans?

➦ **B**   Now decide which of the following masculines is an object and
which is not. Then complete the determiner as before.
1   D__ Student schreibt d__ Brief
2   Wo ist d__ Brief?
3   D__ Student ist d__ Bruder von Carla
4   D__ Student ist ein__ Freund von mir
5   In Alzey hat Susan d__ Wein probiert
6   Elfriede und Karl trinken ihr__ Wein auch sehr gern
7   Das Weingut ist ein__ Familienbetrieb

➦ **C**   Complete the second sentence in each pair
e.g.   Das ist der Traktor.   Ich fahre den Traktor.
1   Das ist der Wein. Ich trinke _____
2   Das sind die Trauben. Ich schneide _____
3   Das sind die Körbe. Die Männer tragen _____
4   Das ist das Auto. Hans fährt _____
5   Das ist der Dosenöffner. Die Mädchen suchen _____

3.4 Determiners in the dative

von seiner Familie   von ihren Familien
bei deinen Klamotten

● You have met the main uses of the dative case in section 1.7. The dative forms of the main determiners in German are:-

Nominative	Dative Masculine and Neuter	Dative Feminine	Dative Plural
der	**dem**	**der**	**den -n**
dieser	**diesem**	**dieser**	**diesen -n**
jeder	**jedem**	**jeder**	-
ein	**einem**	**einer**	-
kein	**keinem**	**keiner**	**keinen -n**
mein	**meinem**	**meiner**	**meinen -n**
dein	**deinem**	**deiner**	**delnen -n**
sein	**seinem**	**seiner**	**seinen -n**
ihr	**ihrem**	**ihrer**	**ihren -n**
Ihr	**Ihrem**	**Ihrer**	**Ihren -n**
unser	**unserem**	**unserer**	**unseren -n**
euer	**eurem**	**eurer**	**euren -n**

● The additional **-n** in the plural is added to the noun itself provided that this does not already end in an **-n** or in an **-s** (which would make an additional **-n** very hard to pronounce).

Nominative singular	**der Freund**
Dative singular	**dem Freund**
Nominative plural	**die Freunde**
Dative plural	**den Freunden**

But **die Lampen**, for example, already has an **-n**, so no more can be added, and the dative plural of **das Auto** is **den Autos.**

● In some set phrases and in German written some time ago, you will find an **-e** added to the dative singular of nouns, e.g.

    zu Hause   *at home*

➡ **A**   In the following statements about our story so far, substitute the
appropriate dative determiner for the English word in italics-
1   Susan wohnt bei *(her)* Freundin in Deutschland
2   Alle helfen bei *(the)* Weinlese
3   Elfriede zahlt *(the)* Helfern einen guten Lohn
4   Die Weinkönigin empfiehlt *(her)* Gästen den Alzeyer Wein
5   Rüdiger erzählt von *(his)* Familie
6   Carla zeigt *(her)* Freundin, wo der Dosenöffner ist
7   Die Mädchen bieten *(their)* Gästen ein schönes Abendessen an

➡ **B**   In the following, substitute the words in brackets with a plural,
e.g.   Carla zeigt (IHREM GAST) den Zeltplatz
         Carla zeigt ihren Gästen den Zeltplatz
1   Elfriede bäckt (DEM ARBEITER) Kuchen für den Nachmittag
2   Karl dankt (DEM HELFER)
3   Rüdiger erklärt (DEM NACHBARN) seine Familiengeschichte
4   Der Dosenöffner gehört (DEM MÄDCHEN)
5   Susan schickt (IHRER FREUNDIN EINE ANSICHTSKARTE) von Alzey
6   Der Pole und die Ungarin helfen (DEM WINZER) bei der Weinlese

Die Weinkönigin empfiehlt den Alzeyer Wein

3.5. Determiners in the genitive

ich wußte den Namen seiner Firma
eine Branche meiner Familie

● In English, we can say *the girl's friends* or *the friends of the girl.*
Spoken German tends to express possession by using **von** and the
dative; but especially written German uses the *genitive.*
ich wußte den Namen seiner Firma
I knew the name of his factory
der Vater meines Freundes
the father of my friend; my friend's father

● There are also a few prepositions which are followed by the genitive.
The most important are:-
statt *instead of*   **während** *during*
trotz *in spite of*   **wegen** *because of*

● The forms of the genitive are:-

Nominative	Genitive Masculine and Neuter		Genitive Feminine and Plural
der	**des**	-(e)s	**der**
dieser	**dieses**	-(e)s	**dieser**
jeder	**jedes**	-(e)s	**jeder** (no plural)
ein	**eines**	-(e)s	**einer** (no plural)
kein	**keines**	-(e)s	**keiner**
mein	**meines**	-(e)s	**meiner**
dein	**deines**	-(e)s	**deiner**
sein	**seines**	-(e)s	**seiner**
ihr	**ihres**	-(e)s	**ihrer**
Ihr	**Ihres**	-(e)s	**Ihrer**
unser	**unseres**	-(e)s	**unserer**
euer	**eures**	-(e)s	**eurer**

● In the masculine and neuter, the noun itself adds an **-s** or **-es**
depending on which is easier to pronounce. Dictionaries show this
genitive ending before the plural ending, but the following general
rules apply:-

Nouns of more than one syllable or ending in a vowel add **-s**
des Lehrers
des Autos

Nouns ending in **-s, -ß, -sch** or **-z** add **-es**
des Hauses
des Tisches

Other nouns of only one syllable add **-es** in formal written German
but frequently only **-s** in speech and informal writing:-
des Buches   or   **des Buchs**
des Tages   or   **des Tags**

➡ Write out the following examples giving the correct genitive form of
the words in brackets:-
1   Die Qualität _____ ist dieses Jahr sehr gut (DER WEIN)
2   Die Nachbarn _____ helfen bei der Weinlese (DIE FAMIILIE)
3   Das Haus _____ ist sehr groß (MEINE ELTERN)
4   Die Freundin _____ ist älter als ich   (MEIN BRUDER)
5   Die Geschichte _____ist sehr interessant (DEINE VORFAHREN)
6   Ich habe den Namen _____ vergessen (DIESE STADT)
7   Während _____ haben Karl und Elfriede viel Arbeit (DER SOMMER)

3.6 Weak nouns

ein Name   ich wußte den Namen
Es gibt einen Sachsen

● About 10% of masculine nouns in German have an **- (e)n** ending in
the plural and in the accusative, dative and genitive singular

e.g. | Nom | **der Student** |
| --- | --- |
| Acc | **den Studenten** |
| Dat | **dem Studenten** |
| Gen | **des Studenten** |
| Plural | **die Studenten** |

● The most important nouns in this group are:-

Nouns ending in **-e**, including several which denote nationality or regional origin, e.g. **der Franzose, der Sachse** and **der Kunde** *customer*

Imported nouns especially those ending in **-and, -ant, -ent, -ist, -krat, -nom**, e.g. **der Komponist, der Demokrat** etc.

A smaller number of nouns of German origin not ending in **-e**. Among the most common are:

der Bayer *Bavarian*	**der Held** *hero*
der Graf *count*	**der Nachbar** *neighbour*

● There are a few irregular variations worth learning:-

der Herr has an **-n** ending in the singular, but **-en** in the plural **der Name** has endings as above but a genitive **des Namens.** Similarly **der Buchstabe** *letter* and **der Glaube** *faith*

➡ **A**   In the following, supply the correct form for the words in brackets:
1 Elfriede hat viele (KUNDE)
2 Der (KUNDE) ist für sie sehr wichtg
3 Sie schreibt (DER KUNDE) einen Brief
4 Kennen Sie (DER STUDENT) aus Polen?
5 Kennen Sie (DER NAME / DIESER HERR)?
6 Ist das das Zelt (DER SACHSE) ?

➡ **B**   To revise many of the main points in this Unit, complete the following summary by translating the words in italics:-

Karl und Elfriede haben *(a vineyard)* in Alzey. Karl erzählt Susan von *(his work)*, und sie probieren *(the wine)*. Karl und Elfriede arbeiten zusammen mit der Winzergenossenschaft, und sie verkaufen *(their wines)* in alle Welt. Das Weingut ist *(a family firm)*, und alle *(members of the family)* helfen bei *(the wine harvest)*. Susan und Carla finden *(a campsite)* in der Nähe von Alzey und sprechen mit *(a neighbour)*. Carla kann *(the tin-opener)* nicht finden, er liegt bei *(her)* Klamotten!

Summary: the case endings

	Masculine	Neuter	Feminine	Plural
Nominative	der	das	die	die
	dieser	dieses	diese	diese
	ein	ein	eine	-
	kein	kein	keine	keine
	mein	mein	meine	meine
	Ihr	Ihr	Ihre	Ihre
	unser	unser	unsere	unsere
Accusative	den	as above	as above	as above
	diesen			
	einen			
	keinen			
	meinen			
	Ihren			
	unseren			
Dative	dem	dem	der	den -n
	diesem	diesem	dieser	diesen -n
	einem	einem	einer	-
	keinem	keinem	keiner	keinen -n
	meinem	meinem	meiner	meinen -n
	Ihrem	Ihrem	Ihrer	Ihren -n
	unserem	unserem	unserer	unseren -n
Genitive	des -s	des -s	der	der
	dieses -s	dieses -s	dieser	dieser
	eines -s	eines -s	einer	-
	keines -s	keines -s	keiner	keiner
	meines -s	meines -s	meiner	meiner
	Ihres -s	Ihres -s	Ihrer	Ihrer
	unseres -s	unseres -s	unserer	unserer

The uses of the cases

Nominative

- For the subject of the sentence, i.e. the person doing the action

- After verbs *to be, to seem, to appear* etc.

- After **so....wie** *(as...as)* and **als** *(than)*

Accusative

- For the object of the sentence, the person or thing affected by the action of the verb

- After prepositions **durch, für, gegen, ohne** and **um**

- After prepositions of motion (see section 5.4)

Dative

- For the indirect object of the verb, the person (or sometimes the thing) advantaged by the action; especially after verbs like **geben, erzählen, danken, zeigen**

- After prepositions **aus, bei, mit, nach, seit, von, zu**

- After prepositions of location (see section 5.4)

Genitive

- For the owner of something

- After prepositions **statt, trotz, während, wegen**

4 Saying how many and when

Der Geburtstag

Hans, Carla und Susan sind zur Geburtstagsfeier der
Großmutter eingeladen. Geburtstag ist in Deutschland ein
wichtiger Tag, besonders wenn es ein „Nuller" ist. In Alzey
feiert die Oma ihren achtzigsten Geburtstag.   4.2

Hans	Fahrt ihr mit zum Geburtstag meiner Oma nach Alzey? Sie wird am 28. September achtzig. Da gibt es viele Kuchen und viel Betrieb. Eingeladen haben wir niemanden, aber es werden so sechzig bis siebzig Leute kommen. Ich schätze, über 50 Prozent sprechen Dialekt! Da muß Susan sich anstrengen!	4.5/ 4.1 4.1 4.3
Carla	Sollen wir mit dem Zug fahren? Das geht sehr schnell und dauert nur anderthalb Stunden. Mit dem Zug um 12 Uhr kommen wir zeitig an.	4.3 4.4
Susan	Punkt 12 Uhr geht ein Zug?	4.4
Carla	Nein, der geht um Viertel nach zwölf, genauer gesagt um 12.17 Uhr.	4.4 4.4
Hans	Was kostet das? Für drei wird das doch viel teurer als mit dem Auto, oder ?	
Carla	Mit unserem Juniorenpaß kostet das pro Person 20,72 DM.	
Hans	Aber ich brauche nur 20 Liter Benzin, das kostet höchstens ein Drittel. Und dann können wir am Samstag nach Bad Dürkheim fahren und auf den Wurstmarkt gehen. Den Wurstmarkt feiert man jedes Jahr um den ersten Oktober. Er dauert eine ganze Woche. Man kann sogar in einem riesigen Weinfaß Wein trinken.	4.6 4.3 4.7/ 4.5

Susan   Also fahren wir mit dem Auto. Wie viele Kilometer sind
        es?

Carla   Ungefähr <u>hundertvierzig Kilometer</u>. Wann sollen   4.1
        wir da sein? Fahren wir <u>gegen ein Uhr</u> hier in   4.4
        Frankfurt ab?

Hans   In Ordnung. Ich komme um <u>zirka ein Uhr</u> und dann   4.7
        fahren wir sofort los. Wir kommen dann etwa um
        <u>halb drei</u> an.   4.4

Carla   Was nehmen wir als Geschenk mit?

Hans   Es braucht nicht allzu viel zu kosten. Oma legt nicht viel
        Wert auf Geschenke. Ich habe ihr einen Schal gekauft.
        Wie wäre es mit <u>ein paar Blumen</u> oder <u>einer Schachtel</u>   4.7/ 4.6
        <u>Pralinen</u>?

Omas achtzigster Geburtstag

4.1 Cardinal numbers

sechzig   siebzig   achtzig
20,72 DM   hundertvierzig Kilometer

● We use the term *cardinal numbers* to indicate simple numbers like *three, twenty-five, one hundred and thirty* etc., and *ordinal numbers* to indicate the descriptions *third, twenty-fifth, one hundred and thirtieth*, etc.

● In German the cardinal numbers are:-

1	eins	11	elf
2	zwei	12	zwölf
3	drei	13	dreizehn
4	vier	14	vierzehn
5	fünf	15	fünfzehn
6	sechs	16	sechzehn
7	sieben	17	siebzehn
8	acht	18	achtzehn
9	neun	19	neunzehn
10	zehn		

Note that the 's' is dropped in **sechzehn** and the 'en' in **siebzehn**!

● The tens are:-

20	zwanzig	60	sechzig
30	dreißig	70	siebzig
40	vierzig	80	achtzig
50	fünfzig	90	neunzig

Note that the 's' is again dropped in **sechzig** and the 'en' in **siebzig**, and that **dreißig** is the only one not written with a 'z'.

● Numbers after 20 are formed with **-und-**

21	einundzwanzig
24	vierundzwanzig

● Numbers over 100 are almost always written in figures, but some-times have to be spoken out loud. On the rare occasions when they are written out, all numbers below a million are written as a single word.

100	**(ein)hundert**
101	**hundert(und)eins**
130	**hundertdreißig**
734	**siebenhundertvierunddreißig**
6 539	**sechstausendfünfhundertneununddreißig**
506 834	**fünfhundertundsechstausendachthundert-vierunddreißig**

Note that there is no comma between the thousands and the hundreds, merely a short space.

If numbers over a million are are ever written out in full, the words are separated:-

3 400 000   **drei Millionen vierhunderttausend**

● Years are written in numerals without the 'thousands' space and are spoken with hundreds rather than thousands,

1978   **neunzehnhundertachtundsiebzig.**

Note that you can either say just the year or preface it with **im Jahre**. You cannot simply use **in** as you would in English. So *in 1872* is either **im Jahre 1872** or simply **1872**.

Columbus hat 1492 Amerika entdeckt
Columbus discovered America in 1492

● Distances and prices are written out and spoken as follows:-

79 Pf. or 0,79 DM	**neunundsiebzig Pfennig**
240,76 DM	**zweihundertvierzig Mark sechsundsiebzig**
37m	**siebenunddreißig Meter**
140 km	**hundertvierzig Kilometer**

● Other points worth noting about numbers are:-

The form **zwo** rather than **zwei** is commonly used on the telephone (to avoid confusion of *zwei* and *drei*) and increasingly in everyday speech for emphasis.

Eine Milliarde (1 000 000 000) is a thousand million and is very commonly used.

The indefinite large number, equivalent to English *umpteen* is **zig**.
Wir kennen uns schon zig Jahre
We've known each other for umpteen years.

In handwriting the numeral 7 is always crossed with a stroke to distinguish it from the figure 1.

➡ **A**   Here are some facts about the family in Alzey and a question. Read them out loud, then answer the question in German.
Elfriede wird dieses Jahr 51 Jahre alt. Die Großmutter wird 80. Hans ist fast 30. Wieviel älter ist die Großmutter als Hans und Elfriede?

➡ **B**   The following are short descriptions of geographical facts and the history of the potato and the banana. Again, read them out loud, then write out in full the numbers and years:-

1   Mount Everest ist mit 8 848 m der höchste Berg der Welt. Die Zugspitze ist mit 2 963 m der höchste Berg Deutschlands. Die Wolga ist mit 3 700 km der längste Fluß Europas.

2   Sir Francis Drake hat im Jahre 1586 den Genuß der Kartoffel in Europa verbreitet. Es dauerte aber noch über 200 Jahre, bis Friedrich der Große die Kartoffel auch in Deutschland einfuhr.

3   1892 wurde die Banane von Richard Lehman per Schiff zum ersten Mal nach Deutschland gebracht. Fast 100 Jahre später wurde die Banane fast zur Symbolfrucht der deutschen Einheit, denn 44 Jahre lang (von 1945 bis 1989) gab es in der DDR nur sehr selten Bananen. Ein Jahr nach der Vereinigung, also 1991, lag der pro-Kopf-Verbrauch im Osten mit 25 Kilo weit über dem im Westen. Die ,,Wessis" aßen in diesem Jahr 14 kg pro Kopf.

4.2 Ordinal numbers

Sie feiert ihren achtzigsten Geburtstag

● The ordinal numbers *first* to *nineteenth* are formed with the ending
-te. In numerals, this is expressed with a full stop.

1.	**der erste**	11.	**der elfte**
2.	**der zweite**	12.	**der zwölfte**
3.	**der dritte**	13.	**der dreizehnte**
4.	**der vierte**	14.	**der vierzehnte**
5.	**der fünfte**	15.	**der fünfzehnte**
6.	**der sechste**	16.	**der sechzehnte**
7.	**der siebte**	17.	**der siebzehnte**
8.	**der achte**	18.	**der achtzehnte**
9.	**der neunte**	19.	**der neunzehnte**
10.	**der zehnte**		

The only irregular forms here are **der erste, der dritte** and **der
siebte.**

● From *twentieth* onwards, the ending **-ste** is added. There are no
exceptions:-

    80.   **der achtzigste**
   352.   **der dreihundertzweiundfünfzigste**

● The article will, of course, vary according to gender:-
    der achtzigste Geburtstag
    die zweite Reise
    das vierte Kind

The ending on the ordinal will depend on case; in the nominative it is
usually **-e**, in the accusative (masculine only), dative and genitive it is
-en
    Der erste Zug ist schon abgefahren
    Er nimmt den zweiten Zug

Only if there is no ending on the determiner (i.e. after **ein, mein, sein, ihr** etc. — see sections 3.1 and 3.2) will the ending on the ordinal be **-er** for masculines and **-es** for neuters.

mein zwanzigster Geburtstag
ihr viertes Kind

➡ In the following examples, substitute the correct German for the English ordinal given in italics:-

1   Der *(first)* Mann auf dem Mond war Neil Armstrong
2   Jeder *(seventh)* Deutsche fuhr 1988 einen Wagen mit geregeltem Dreiwegekatalysator
3   König Ludwig *(the Second)* hat viele Schlösser in Deutschland gebaut
4   Mit dem Jahr 2000 beginnt das *(twenty-first)* Jahrhundert
5   1988 wurde der Nobelpreis für Chemie zum *(twenty-third)* Mal an deutsche Chemiker verliehen

---

4.3 Fractions

ein Drittel   **anderthalb**   **50 Prozent**

● With the exception of **die Hälfte** (*half*), all the fractions in German are neuter nouns adding **-l** to the ordinal numbers
e.g.   **der dritte...(Mann)**   *the third....(man)*
       ein Drittel   *one third*

       ein Viertel   *a quarter*
       ein Zwanzigstel   *a twentieth*

- German decimal fractions are written with a comma rather than a point, so the spoken form is ... **Komma** ....

  eg. **5,7**   **fünf Komma sieben**

     5.7   *five point seven*

  The word for *percent* is **Prozent**

  70 %   **siebzig Prozent**

  38,4 %   **achtunddreißig Komma vier Prozent**

- Note the following expressions with fractions:-

  anderthalb   *one and a half*

  dreieinhalb *three and a half*

➡ **A**   You should not need much mathematics to complete the following, but you will need to show you understand how fractions are expressed in German!

1   Elfriede hat für die Geburtstagsfeier eine Sahnetorte gebacken. Sie teilt sie in zwölf Stücke; jedes Stück ist also ein _____ von der Torte.

2   Sie hat auch eine Schwarzwälder Kirschtorte gebacken. Die ist größer, also kann man sie in zwanzig Teile schneiden. Jedes Stück ist diesmal ein _____ .

3   Mit dem Juniorenpaß kostet die Karte nur 20 DM statt 30 DM. Also haben wir ein _____ gespart.

4   Oma hat fünfzehn Urenkel und hat ihnen insgesamt 150 DM geschenkt. Jeder hat 10 DM bekommen, also ein _____ .

➡ **B**   The following table shows the percentage of foreigners living in German cities at the time of reunification. Read the list out loud, then write out the percentages in full,

e.g.   München   16,6 %

     In München wohnen sechzehn Komma sechs Prozent Ausländer

1   Frankfurt   29,4 %

2   Köln   15,5 %

3   Berlin   13,9 %

4   Dortmund   9,6 %

Now express the same figures as approximate fractions,

e.g.   In München sind es ungefähr ein Sechstel, etc.

Use your pocket calculator if you have to!

4.4 Times

zwölf Uhr   Punkt 12 Uhr   12.17 Uhr
gegen ein Uhr   halb drei   Viertel nach zwölf

● The 24-hour clock is used in official, written and increasingly in spoken German. Times are written out followed by the word **Uhr**, but spoken with the word **Uhr** between the hours and the minutes.
e.g **5.27 Uhr** spoken as **fünf Uhr siebenundzwanzig.**

● The 12-hour clock is still used extensively in conversational German. The five-minute points are:-

3.00	**drei Uhr**
3.05	**fünf nach drei**
3.10	**zehn nach drei**
3.15	**Viertel nach drei**
3.20	**zwanzig nach drei**
3.25	**fünf vor halb vier**
3.30	**halb vier**
3.35	**fünf nach halb vier**
3.40	**zwanzig vor vier**
3.45	**Viertel vor vier**
3.50	**zehn vor vier**
3.55	**fünf vor vier**

Points worth noting in the above are:-
From as early as 25 past the hour, attention focuses on the coming hour, not the one just past.
Viertel, being a noun, is written with a capital.
Especially in Southern Germany, you may also encounter
Viertel vier rather than **Viertel nach drei**, and
drei Viertel vier rather than **Viertel vor vier**

Individual minutes are spoken with the insertion of the word **Minuten**, much as in English:-

3.07	**sieben Minuten nach drei**
3.53	**sieben Minuten vor vier**

● The German equivalents of the most common English words used in time phrases are are:-

at	**um**
around	**gegen**
from....to	**von....bis**
exactly	**Punkt**

The parts of the day are
morgens / vormittags
mittags
(around mid-day; also used in the afternoon)
nachmittags
abends
nachts

Noon is	**zwölf Uhr mittags**
Midnight is	**Mitternacht** or **null Uhr** or **zwölf Uhr nachts**

➡ Read aloud and write out the following times, giving as many alternatives as you can for each (use both the 12-hour and the 24-hour clock), e.g. 13.45 Uhr dreizehn Uhr fünfundvierzig; Viertel vor zwei (nachmittags), drei Viertel zwei (nachmittags).

9.10 Uhr	11.15 Uhr	12.25 Uhr	12.30 Uhr
14.35 Uhr	15.40 Uhr	17.45 Uhr	19.55 Uhr
20.57 Uhr	00.03 Uhr	12.17 Uhr	17.38 Uhr

Zwölf Uhr mittags

4.5 Dates

---

am achtundzwanzigsten September
um den ersten Oktober

● The days and months in German are:-

Days   Months

Montag   **Januar**
Dienstag   **Februar**
Mittwoch   **März**
Donnerstag   **April**
Freitag   **Mai**
Samstag (or   **Juni**
   Sonnabend)   **Juli**
Sonntag   **August**
                        September
                        Oktober
                        November
                        Dezember

Sonnabend is used mainly in northern Germany, but both names for *Saturday* are widespread throughout the country and virtually interchangeable.

First used on the telephone to avoid possible confusion between **Juni** and **Juli**, the alternatives **Juno** and **Julei** are increasingly being used in spoken German.

● For the date in the month, the ordinal number (**der erste, der zweite**) is used as in English, i.e.
      der erste November
      der vierundzwanzigste Oktober
(Always masculine, because **der Tag** is masculine and **der erste** is short for **der erste Tag.)**

In writing this is expressed either as
> **der 1. November**   or   **1.11**
> **der 24. Oktober**   or   **24.10.**

In letter-writing, it is usual to put the date in the accusative at the top right, often with the place of writing, e.g.
> **Hamburg, den 23. September 1993**

● On the other hand, most prepositions used in connection with time require the dative, e.g.

on the ...	**an dem**, shortened to **am**
since the...	**seit dem**
from the...to the..	**von dem...bis zu dem**
	shortened to **vom.....bis zum**

The dative **-n** on the ordinal itself (see section 4.2) is only evident when the date is spoken or written out in full

am 21. Dezember
spoken **am einundzwanzigsten Dezember**
on the 21st December

seit dem 19. März
spoken **seit dem neunzehnten März**
since the 19th March

vom 13. bis zum 17. Juni
spoken **vom dreizehnten bis zum
  siebzehnten Juni**
from the 13th to the 17th June

➡ **A**   The following is a description of the main festivals of the year in Germany. Write out in full all the dates (and the time) mentioned:-

Am. 1.1 (1) ist Neujahr, am 6.1 (2) der Dreikönigstag. Die Faschingszeit beginnt am 11.11. (3) um 11.11 Uhr (4) und endet am Tag vor Aschermittwoch. Ostern ist ein bewegliches Fest zwischen dem 22.3. (5) und dem 25.4. (6). Pfingsten ist am siebten Sonntag nach Ostern. Zwischendurch feiert man aber den 1.5. (7) als Tag der Arbeit. Früher feierte man den 17. 6. (8) in Erinnerung an den Aufstand in Ostdeutschland 1953 (9), aber heutzutage feiert man den 3. 10. (10) als Tag der Deutschen Einheit. Protestanten feiern am 31.10. (11) das Reformationsfest, Katholiken am 1.11. (12) Allerheiligen und am 2.11. (13) Allerseelen. Am 6.12. (14) ist Nikolaustag, am 24.12. (15) Heilig Abend. Der 25.12. (16) und der 26.12. (17). sind die Weihnachtsfeiertage. Silvester, am 31.12. (18), ist der letzte Tag im Jahr.

➡ **B**   The dramatic events of 1989 moved very fast; it seems incredible that so much could happen in such a short space of time. In the following summary, translate into German the English dates given in italics.

On 2nd May (1) begann Ungarn mit dem Abbau der Grenze zu Österreich. *On 24th August* (2) verließen 108 Deutsche aus der DDR die Budapester Botschaft der Bundesrepublik mit Papieren des Internationalen Roten Kreuzes. Ungarn eröffnete *on 11th September* (3) für DDR-Bürger die Grenze nach Österreich. In Leipzig demonstrierten *on 2nd October* (4) 20 000 Menschen für Reformen in der DDR. *The 7th October* (5) war der Jahrestag der DDR, und es fand eine große Militärparade statt. Der Staatsratsvorsitzender Erich Honecker trat *on 18th October* (6) zurück; sein Nachfolger war Egon Krenz. Die größte Demonstration in Ostberlin fand *on 4th November* (7) mit mindestens 500 000 Teilnehmern statt. Die Regierung trat *on 7th November* (8) zurück und zwei Tage später *on 9th November* (9) wurden die Berliner Mauer und die Grenze zu Westdeutschland geöffnet.

4.6 Expressions of quantity

eine Schachtel Pralinen   20 Liter Benzin

● The important point to note with regard to expressions of quantity is that there is no equivalent in German to the English *of* .

20 litres of petrol is simply **20 Liter Benzin**
and *a box of chocolates* is **eine Schachtel Pralinen**

Weights and liquids are measured in metric quantities; a simple rule of thumb is that a pint is just over half a **Liter** and there are approximately two pounds to a **Kilo**; in fact spoken German often uses **das Pfund** meaning half a Kilo.

➡ **A**   Susan is so impressed with Elfriede's Sachertorte (an Austrian cake now very popular in Gemany) that she asks her for the recipe. Here is Susan's note of the ingredients. Can you read it out loud?

Man nehme
150 g Schokolade
150 g Butter
150 g Zucker
1 gestrichener Teelöffel Backpulver
6 Eier
30 g Puderzucker
150 g Mehl
Aprikosenkuvertüre

➡ **B**   Translate the following expressions into German:-

10 apples
1 jar (glass) of jam
1 box of chocolates
2 lbs coffee
1 bottle of wine

4.7 Other expressions of time and number

jedes Jahr   ein paar Blumen

● The following expressions of time and number are worth learning:-

heute früh / heute morgen	*this morning*
heute nachmittag	*this afternoon*
morgen	*tomorrow*
morgen früh	*tomorrow morning*
übermorgen	*the day after tomorrow*
gestern	*yesterday*
gestern abend	*yesterday evening (last night)*
vorgestern	*the day before yesterday*
täglich	*daily*
Tag für Tag	*day in, day out*
jeden Tag	*every day*
jedes Jahr	*every year*
einmal	*once*
zweimal	*twice*
jedesmal / jedes Mal	*every time*
manchmal	*sometimes*
zigmal / x-mal	*countless times*
diesmal	*this time*
zum erstenmal	
or **zum ersten Mal**	*for the first time*
zum zweitenmal	
or **zum zweiten Mal**	*for the second time*
vorläufig	*for the time being*
rechtzeitig	*on time, in good time*
in diesem Moment	*just at that moment*
zur Zeit	*just now, for the time being*
ungefähr / zirka	*about*
knapp	*just on*
zweierlei	*two kinds of*
ein paar	*a few*
ein Paar	*a pair, a couple*

● The word **seit** is used to express how long something has been going on. The verb is in the present tense if what you are describing is still going on, and in the simple past (see section 7.4) if you are talking only about the past.

e.g. **Ich wohne seit zwanzig Jahren in London**
I have been living in London for twenty years.

➼ **A** Express the sense of the following sentences using **seit**
e.g. Heute vor 30 Jahren haben wir geheiratet
Wir sind seit 30 Jahren verheiratet
1 Susan ist vor einer Woche in Frankfurt angekommen
2 Wissenschaftler haben vor zwanzig Jahren begonnen, an einer Reform der deutschen Rechtschreibung zu arbeiten
3 Vor fünf Jahren habe ich bei Siemens begonnen
4 Die Großmutter wurde vor 80 Jahren in Alzey geboren
5 Ich habe vor fünf Jahren aufgehört, Kaffee zu trinken

➼ **B** The following is an account of a worker with a problem. Write it out in full, translating into German the English phrases in italics:-

(1 *Day in, day out*) stehe ich um sieben Uhr auf. (2 *Every day*) fahre ich mit dem Auto zur Arbeit. (3 *This morning*) ist es anders. (4 *Last night*) habe ich nämlich gefeiert und ich kann (5 *this morning*) nicht aufstehen. (6 *This time*) muß ich aber bei der Firma anrufen. (7 *Just at this moment*) läutet das Telefon. Es ist mein Chef. „ (8 *For the third time*) sind Sie nicht (9 *on time*) zur Arbeit gekommen. (10 *Just now*) haben wir so viel Arbeit. Sie müssen sofort kommen." Immer, wenn ich schwänzen will, merkt es der Chef!

5   Saying where things are

Die Studentenbude

Roswitha, die Tochter von Karl und Elfriede, studiert in
Frankfurt. Sie hat ein Zimmer bei Frau Siebert in Bornheim.
Auf der Geburtstagsfeier erzählt sie Susan von ihrem Zimmer.   5.1/ 5.9

Susan	Was für ein Zimmer hast du in Frankfurt?
Roswitha	Das Zimmer ist nicht sehr groß . Mein Schreibtisch steht vor dem Fenster. Auf dem Schreibtisch ist mein Computer.

5.4

Susan	Du hast einen Computer!
Roswitha	Ja, den braucht man. Ich schreibe alle meine Seminararbeiten auf dem Computer. Das ist viel leichter, man kann dann seine Fehler verbessern.
Susan	Hast du auch einen Drucker?
Roswitha	Selbstverständlich. Der Drucker steht unter dem Tisch und gleich daneben ist der Papierkorb, in den ich meinen Abfall werfen kann.

5.4
5.8

Susan	Wo stellst du denn deinen Computer hin, wenn du mit der Arbeit fertig bist?
Roswitha	Ich habe einen tragbaren Computer, und nach der Arbeit stelle ich ihn auf das Regal neben dem Tisch. Über diesem Regal hängt ein Poster.
Susan	In meinem Zimmer nimmt das Bett den meisten Platz ein.

5.7
5.3

5.3
5.4

5.4

Roswitha	Bei mir auch. Mein Bett steht links. <u>Darunter</u> ist mein Koffer. <u>Neben dem Bett</u> ist ein Schränkchen. <u>Darauf</u> stehen mein Wecker und der Kassetten- rekorder. Meine Kleider hänge ich <u>in den Kleider- schrank</u> neben dem Bett.	5.8 5.4 5.8 5.4
Susan	Ist dein Zimmer weit <u>von der Universität</u>?	5.3
Roswitha	Ich kann in zwanzig Minuten <u>hinfahren</u>. Zuerst gehe ich <u>durch den Grünburgpark</u> <u>zur Haltestelle</u>. Dann fahre ich <u>mit der U-Bahn</u> und steige an der Hauptwache um. Noch einmal fünf Minuten <u>die Straße entlang</u> und <u>schon bin ich da</u>.	5.7 5.5/ 5.6 5.1 5.4/ 5.7
Susan	Fährst du oft <u>nach Hause</u>?	5.1
Roswitha	<u>Während der Semesterferien</u> bin ich meist <u>zu Hause</u>. Aber <u>während des Semesters</u> ist das ein ewiges Hin- und Herfahren. <u>Mal bin ich hier, mal bin ich dort</u>, und was ich suche, ist <u>immer nicht da</u>. Das ist dann woanders.	5.5/ 5.1 5.5 5.7 5.7
Susan	Das sagt mein Bruder auch. Er studiert <u>im Norden</u> von England. Er möchte auch in Deutschland studieren. Ich glaube, er bekommt das Geld <u>vom Erasmus- Programm</u>.	5.6 5.6
Roswitha	Ja, es gibt jetzt überall viele Studenten <u>aus allen Ländern</u>. Ich glaube, das ist gut. Man lernt andere Leute aus anderen Ländern kennen. Unsere Studenten kommen aus Europa, aus Asien, aus Afrika, einige aus der Schweiz und <u>aus der Türkei</u>. Auch aus Südamerika und selbstverständlich auch aus den Vereinigten Staaten.	5.3 5.3
Susan	Hast du viele Freunde?	
Roswitha	Wenn man studiert, lernt man immer viele Leute kennen, besonders, wenn man in einem Studenten- wohnheim wohnt. Ich habe Glück, ich wohne privat und ich habe eine sehr nette Nachbarin. Sie <u>ruft mich</u> schon mal <u>rüber</u> <u>für eine Tasse Kaffee</u>.	 5.7 5.2

5.1 Flexible meaning of prepositions

auf der Geburtstagsfeier   **mit der U-Bahn**
nach Hause   **zu Hause**

● A *preposition* links a noun or pronoun to the rest of the sentence, normally in a phrase which indicates time, place or how an action is done. In English, examples of prepositions are:-

> He got up **at** seven o'clock
> The computer is **on** the table
> Corrections are much easier **with** a computer

● Prepositions are very frequently used words. As a result, a single preposition is often used in several ways, and the way in which this use has evolved in different languages means that there is frequently a mis-match between 'meanings' of prepositions across languages. For example, German **mit** normally corresponds to the English *with*, but for means of transport German uses **mit** where English would normally use *by*.

> Sie fährt mit der U-Bahn
> *She goes by underground.*

In English you would say

> At the birthday party

but in German it is **auf** which normally corresponds to English *on* :

> Auf der Geburtstagsfeier

Here are some examples of prepositions in one language with several equivalents in the other:-

German **zu**

zum (= zu dem) Rathaus	*to* the Town Hall
zu Weihnachten	*at* Christmas
zu diesem Zweck	*for* this purpose
zu Fuß	*on* foot

English **to**	
to the office	**ins** Büro
to the station	**zum** *(= zu dem)* Bahnhof
to Germany	**nach** Deutschland
to the Post Office	**auf** die Post
ten to six	zehn **vor** sechs
I'm writing to her	ich schreibe **an** sie

There are also several 'stock phrases' which involve prepositions. Examples in the above dialogue include:-

Fährst du oft nach Hause?   *Do you often go home?*

Ich bin meist zu Hause   *I am usually at home*

● You will probably already know several of the main meanings of German prepositions, even if you have never consciously learnt them. The main point at this stage is to be aware of the problem of multiple meanings, and not to assume that an English preposition will have a single equivalent in German. If in doubt, look it up in a dictionary.

➡ **A**   In the following examples, decide how you would put into English the prepositions in italics:-

1   Das Auto fährt *gegen* die Wand
2   Ich komme *gegen* sieben Uhr bei euch an
3   Mein Vater ist sehr *gegen* Rauchen

4   Wir sitzen *um* den Tisch
5   Ich komme *um* zwölf Uhr

6   Wir fahren *nach* Frankfurt
7   Er kommt erst *nach* sieben Uhr
8   Wir gehen spät *nach* Hause

9   Susan kommt *aus* England
10   Der Stuhl ist *aus* Metall
11   Ich trinke Bier lieber *aus* dem Glas als *aus* der Flasche

➡ **B**   Decide on the appropriate German preposition for the English one in brackets in the following examples:-

1   Ich fahre (TO) Deutschland
2   Es ist fünf (TO) sieben
3   Hans schreibt (TO) Susan
4   Susans Vater geht (TO) sein Büro

5   Das ist ein Geschenk (FOR) meinen Vater
6   Er arbeitet (FOR) Ford in Köln
7   Ich wohne hier (FOR) zwei Jahren

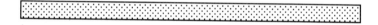

5.2 Prepositions with accusative

durch den Grünburgpark   für eine Tasse Kaffee

● German prepositions determine that the following noun is in a particular case. This may be the accusative, the dative or the genitive. In this section we shall deal first with prepositions which always take the accusative.

● The six most common of these are:-

bis	bis nächsten Freitag	*by/till next Friday*
	bis Hamburg	*as far as Hamburg*
durch	durch den Park	*through the park*
	durch harte Arbeit	*by hard work*
	durch einen Unfall	*due to an accident*
für	für meinen Freund	*for my friend*
	Tag für Tag	*day after day*

gegen	gegen diesen Plan	*against this proposal*
	gegen vier Uhr	*around four o'clock*
	gegen Quittung	*in return for a receipt*
ohne	ohne meinen Mantel	*without my coat*
	ohne mein Auto	*without my car*
um	um den Tisch	*round the table*
	um die Ecke	*round the corner*
	um vier Uhr	*at four o'clock*

➡ **A**   Complete the following account of Roswitha's typical day by replacing the blanks with the appropriate ending:-
Jeden Morgen geht Roswitha durch d__ (1) Grünburgpark zur U-Bahnhaltestelle. Manchmal kauft sie auf dem Weg belegte Brötchen für sich und für ihr__ (2) Freund. Gegen neun Uhr kommt sie in der Universität an. Peter arbeitet nicht weit von der Uni. Oft treffen sie sich gegen zwölf Uhr und essen zusammen zu Mittag. Dienstags und freitags ißt sie ohne ihr__ (3) Freund. Er hat um dies__ (4) Zeit eine Besprechung. Abends gehen sie oft ins Kino, das ist nur um d__ (5) Ecke.

➡ **B**   Below is a list of people for whom Susan wants to buy presents while she is in Germany. Make up a sentence in each case starting with „Sie braucht ein Geschenk für...."-
1 ihre Mutter   4 ihr Freund
2 ihr Vater   5 der Onkel in Birmingham
3 ihre Freundin   6 die Tante in Manchester

Abends gehen sie ins Kino

5.3 Prepositions with dative

weit von der Universität   aus allen Ländern
aus der Türkei

● The following are common prepositions which always take the dative:-

aus   aus dem Fenster   *out of the window*
                aus Hamburg   *from Hamburg*
                aus allen Ländern   *from all countries*
                aus Silber   *(made) of silver*

außer   außer mir   *apart from me*
                außer Atem   *out of breath*

bei   bei Hamburg   *near Hamburg*
                beim (= bei dem) Bäcker *at the baker's*
                bei ihrer Tante   *at her aunt's*
                bei diesem Gehalt   *with this salary*
                bei einem Glas Wein   *over a glass of wine*

gegenüber   gegenüber dem Rathaus *opposite the Town Hall*
                dem Rathaus gegenüber
                (**gegenüber** can precede or follow a noun)
                mir gegenüber   *opposite me*
                                       in relation to me
                (**gegenüber** always follows a pronoun)

mit   mit mir   *with me*
                mit seiner Freundin   *with his girlfriend*
                mit vierzig Jahren   *at the age of forty*
                mit Absicht   *deliberately*

nach   nach Hamburg   *to Hamburg*
                nach meiner Uhr   *by my watch*
                fünf nach zehn   *five past ten*

seit	seit dem Krieg	*since the war*
	seit zehn Jahren	*for ten years*
		(see section 4.7)

von	ein Brief von ihrem Freund	*a letter from her boyfriend*
	zehn Minuten vom	*ten minutes from the*
	(= von dem) Bahnhof	*station*

zu	zum (= zu dem) Bahnhof	*to the station*
	zum Mittagessen	*for lunch*
	10 Briefmarken zu 1 DM	*ten one mark stamps*
	zu Fuß	*on foot*

➡ **A**   The following is a list of people to whom Susan speaks during her stay in Germany. Write out the full sentence in each case, i.e. „Susan spricht mit......"
1 die Dame;   2 das Kind;   3 die Oma;   4 die Studentin;   5 der Winzer;   6 seine Frau;   7 der Computerfachmann;   8 Herr Gruber

And a list of things Roswitha tells her about. Start with „Roswitha erzählt ihr von...."
9 ihr Zimmer; 10 das Leben an der Uni; 11 die Prüfungen;
12 ihr Freund; 13 ihre Eltern; 14 die Arbeit;
15 die Universitätsbibliothek; 16 ihr Professor

➡ **B**   In the following sentences, complete the gaps with the correct dative ending:-
1 „Ich komme aus d__ Pfalz", erklärt Roswitha den anderen Studenten
2 Aus dies__ Buch habe ich die Informationen über das Erasmus-Programm
3 Von mein__ Eltern bekomme ich ab und zu Taschengeld
4 „Gehst du zu d__ Vorlesung um acht Uhr?" „Nein, das ist zu früh!"
5 Ich gehe gern mit mein__ Freund abends aus
6 Von d__ Oma in Alzey bekommt Susan ein schönes Buch

5.4   Prepositions with accusative or dative

auf das Regal	**auf dem Schreibtisch**
in den Kleiderschrank	**in meinem Zimmer**
die Straße entlang	**neben dem Bett**
unter dem Tisch	**vor dem Fenster**

● A number of prepositions can take either the accusative or the dative, depending on the meaning. The most important of these are:-

an	**neben**
auf	**über**
entlang	**unter**
hinter	**vor**
in	**zwischen**

The general rule is that where one of these prepositions is used to indicate a direction of movement, it is followed by the accusative. But where it is used to indicate a stationary location, it is followed by the dative.

Some examples:-

an

er geht **an die** Tür
he goes to the door

er steht **an der** Tür
he stands at the door

auf

ich stelle ihn **auf das** Regal
I put it on the shelf

er steht **auf dem** Regal
it is on the shelf

entlang

Roswitha geht **die** Straße **entlang**
Roswitha goes along the street

entlang der Grenze waren Wachtürme
along the border were watchtowers

(NB **entlang** follows an accusative but precedes a dative)

hinter

er geht **hinter die** Kirche

he goes behind the church

hinter der Kirche ist ein
Friedhof

behind the church is a cemetery

in

sie hängt die Kleider **in den**
Kleiderschrank

*she hangs the clothes in the
wardrobe*

die Kleider hängen **im**
Kleiderschrank

*the clothes are hanging in the
wardrobe*

neben

sie stellt das Schränkchen
neben das Bett

*she puts the cupboard next to
the bed*

neben dem Bett ist das
Schränkchen

the cupboard is next to the bed

über

sie hängt den Poster **über das**
Regal

*she hangs the poster above
the shelf*

der Poster hängt **über dem**
Regal

the poster is above the shelf

unter

sie stellt den Drucker **unter den**
Tisch

*she puts the printer under the
table*

der Drucker steht **unter dem**
Tisch

the printer is under the table

vor

sie stellt den Schreibtisch **vor das**
Fenster

*she puts the table in front of the
window*

der Schreibtisch steht **vor dem**
Fenster

*the desk is in front of the
window*

zwischen

sie setzte sich **zwischen meine**
Freundin und **mich**

*she sat down between my
girlfriend and myself*

sie saß **zwischen meiner**
Freundin und **mir**

*she was sitting between my
girlfriend and myself*

● Note that the accusative is used only if movement in a particular direction is indicated. Thus you can say

wir gehen **in die** Stadt *we go into the town*	wir gehen **in der** Stadt spazieren *we go for a walk in the town*
(direction indicated)	(no direction indicated)

● These prepositions are also used in set phrases and expressions which have nothing to do with place. Generally **auf** and **über** take the accusative, the others the dative.

auf diese Weise	*in this way*
auf keinen Fall	*on no account*
ein Buch über die Alpen	*a book about the Alps*

am Sonntag	*on Sunday*
am Ende	*finally*
in der Nacht	*in the night*
im Durchschnitt	*on average*
unter diesen Umständen	*in these circumstances*
unter anderem	*among other things*
heute vor einer Woche	*a week ago today*

➡ **A**   Here is a list of places where you might go at lunchtime. In each case, start off the sentence with „Ich gehe in...".   You are talking about movement to a place, so you will need the accusative.
1 das Eßzimmer; 2 der Garten; 3 das Gasthaus; 4 die Gaststätte;
5 das Hotel; 6 die Konditorei; 7 die Küche; 8 das Restaurant;
9 der Speisesaal; 10 die Wirtschaft

➡ **B**   Now use the same list of places, but start the sentence differently. Begin with „Ich esse in...". This time, no movement is implied, so you will need the dative.

➡ **C** The following statements indicate where various things are. In each case, say that you have not put them there!

e.g. Die Blumen stehen auf dem Tisch
Ich habe sie nicht auf den Tisch gestellt

You will need the verbs **stellen, hängen, legen** and **werfen**.

1 Das Bild hängt an der Wand
2 Die Kissen liegen auf dem Sofa
3 Der Papierkorb steht unter dem Tisch
4 Der Computer steht auf dem Regal
5 Der Wecker steht auf dem Schränkchen
6 Der Stuhl steht in dem Garten
7 Der Mantel hängt an der Tür
8 Der Kassettenrekorder steht auf dem Schränkchen
9 Der Abfall liegt auf dem Boden

➡ **D** Answer the following questions based on the English clues:-

1 Wo steht Roswithas Computer? (ON THE SHELF)
2 Wohin stellt Roswitha ihren Computer? (ON THE SHELF)
3 Wo hängen ihre Kleider (IN THE WARDROBE)
4 Wohin hängt sie ihre Kleider? (IN THE WARDROBE)
5 Wo steht die Blumenvase? (ON THE TABLE)
6 Wohin stellt Roswitha die Blumenvase? (ON THE TABLE)
7 Wohin geht Roswitha gern? (TO THE GRÜNBURG PARK)
8 Wo sitzt sie gern? (IN THE GRÜNBURG PARK)
9 Wo hängt der Poster? (ON THE WALL)
10 Wohin hängt Roswitha den Poster? (ON THE WALL)
11 Wohin stellt sie den Koffer? (UNDER THE BED)
12 Wo liegt der Koffer? (UNDER THE BED)
13 Wo arbeitet ihr Freund? (IN AN OFFICE)
14 Wohin geht er? (TO THE OFFICE)

Der Abfall liegt auf dem Boden

5.5 Prepositions with genitive

während des Semesters   während der Semesterferien

- A small number of prepositions take the genitive. The most common of these are:-

(an)statt	statt eines Radios	*instead of a radio*
trotz	trotz des Regens	*despite the rain*
während	während des Semesters	*during the term*
wegen	wegen des Regens	*because of the rain*

In colloquial German nowadays the dative is frequently used. But the genitive is still regarded as 'correct'.

➡ Combine two sentences into one,

e.g.   Es regnet. Aber wir fahren in den Taunus.
         Trotz des Regens fahren wir in den Taunus.

1   Es gibt einen Streik. Wir können nicht kommen.
    Wegen................können wir nicht kommen.

2   Ich habe Mittagspause. Ich gehe einkaufen.
    Während .... gehe ich einkaufen.

3   Die Nachbarn machen viel Lärm. Ich kann nicht schlafen.
    Wegen.................. kann ich nicht schlafen.

4   Susan hat keine Zeit, Briefe zu schreiben. Sie schickt ihren Eltern eine Postkarte.
    Statt.................... schickt sie eine Postkarte.

Summary of prepositions and cases

Accusative	Accusative or Dative	Dative	Genitive
bis	an	aus	statt
durch	auf	außer	trotz
für	entlang	bei	während
gegen	hinter	gegenüber	wegen
ohne	in	mit	
um	neben	nach	
	über	seit	
	unter	von	
	vor	zu	
	zwischen		

➡ **B** In the following passage, you will encounter several of the prepositions you have met so far. Can you remember which case goes with which?

Der Sachse vom Campingplatz heißt Stephan und studiert auch in Frankfurt. Er erzählt:-

„Ich bekomme mein Stipendium von d__(1) Deutschen Forschungsgemeinschaft. Ich arbeite an mein__(2) Dissertation. Von mein__(3) Eltern bekomme ich kein Geld, sie haben selbst nicht genug. Ich bin seit fünf Monat__(4) in Frankfurt. Seit einig__(5) Woche__(6) wohne ich mit ein__(7) Freund bei ein__(8) alten Dame. Wir haben eine gemeinsame Küche und ein gemeinsames Bad. In d__(9) Küche haben wir einen Herd, einen Kühlschrank und einen Schrank für unser__(10) Geschirr. In d__(11) Wohnzimmer steht d__(12) Fernseher. Abends sitzen wir dort oft zusammen und sehen ein Fernsehprogramm. Aber während d__(13) Semester__(14) studiert jeder in sein__(15) Zimmer. Aus mein__(16) Fenster kann ich das Haus von mein__(17) Freundin sehen. Meine Kleider hänge ich in d__(18) Kleiderschrank. Ordentlich ist es nicht in mein__(19) Zimmer, weil ich nicht genug Platz habe.

5.6   Preposition and article combined

im Norden   vom Erasmus-Programm

● There are a number of stock combinations of preposition and article
into a single word. The most important are:-

an das	→	ans
an dem	→	am
auf das	→	aufs
bei dem	→	beim
für das	→	fürs
in das	→	ins
in dem	→	im
unter das	→	unters
unter dem	→	unterm
von dem	→	vom
vor das	→	vors
vor dem	→	vorm
zu dem	→	zum
zu der	→	zur

These abbreviations are not always used. You can say
    Ich gehe zur Post
    I am going to the Post Office   (it doesn't matter which one)
but to stress a particular place or thing, you use the fuller form
    Ich gehe zu der Post am Marktplatz
    I am going to the Post Office on the Market Square

➡ Make the following sentences sound more natural by combining
the preposition and article:-
e.g.   Wir gehen sehr oft in das Kino
        Wir gehen sehr oft ins Kino
1   Susans Bruder geht auf das Gymnasium
2   Roswitha stellt viele Sachen unter das Bett
3   Ich laufe schnell zu der Post und kaufe Briefmarken
4   Ich gehe zu dem Bahnhof und kaufe meine Fahrkarte
5   In dem Theater spielt morgen abend Shakespeares „Hamlet"

5.7 *hin* and *her*, *hier*, *da* and *dort*

**Wo stellst du deinen Computer hin? Sie ruft mich rüber
Mal bin ich hier, mal bin ich dort   Schon bin ich da
Was ich suche, ist nicht da**

● The two short adverbs **hin** and **her** are frequently used in German to indicate movement away from *(hin)* or towards *(her)* the subject. There is no equivalent in English, so frequently it is not possible to convey the same sense in translation.

> Meine Freunde gehen heute abend ins Kino. Ich gehe auch hin.
> *My friends are going to the cinema this evening. I'm going (there) too.*

> Wo stellst du deinen Computer hin, wenn du mit der Arbeit fertig bist?
> *Where do you put your computer when you have finished working?*

Frequently, **hin** and **her** are combined with prepositions, again with the meaning of movement away or towards.

> Roswitha geht in das Haus hinein
> Roswitha kommt aus dem Garten herein

The most important such combinations are:

hinauf	herauf
hinaus	heraus
hinein	herein
hinüber	herüber
hinunter	herunter

In spoken German, these are frequently shortened to

> rauf   raus   rein   rüber   runter

regardless of whether it should be hin or her!

e.g.   Sie ruft mich schon mal rüber für eine Tasse Kaffee
       She sometimes asks me over for a cup of coffee

- **hin** and **her** also combine to form (separable) verbs, e.g. **hinfahren, herkommen.** Sometimes they are used together, as in

  > ein ewiges Hin- und Herfahren
  > *a continuous to-ing and fro-ing.*

- The words **hier, da** and **dort** can cause problems since their meaning does not correspond exactly with *here* and *there* .

  hier can only mean *here*
  dort can only mean *there*
  da is less emphatic and can in fact mean both *here* and *there*. For example

  > Tut mir leid, Herr Müller ist im Moment nicht da
  > *I'm sorry, Mr Müller isn't here at present.*

➡ **A**   In the following anecdote, insert **hin** or **her** as appropriate:
Roswitha steht vor ihrem Fenster und schaut (1) ___aus. Draußen sieht sie Stephan und ruft: „Stephan, komm doch mal auf eine Tasse Kaffee (2)___ein!" Stephan geht die Treppe (3) ___auf und klopft an die Tür. Roswitha ruft von innen: „Komm schon (4) ___ein, die Tür ist nicht abgeschlossen!", und Stephan öffnet die Tür. Weil das Wetter so schön ist, beschließen die beiden, eine kurze Radtour durch den Park zu machen. Sie laufen die Treppe (5) ___unter. Roswitha holt ihr Fahrrad aus dem Keller. Beide fahren zusammen durch die Stadt, bis sie (6) ___aus aufs Land kommen.

➡ **B**   Translate the following into German. Note that in some of them you will have a choice of **hier** or **da**, in others **dort** or **da**.
1   Where is the book? There, on the table.
2   Is Roswitha there? Yes, she's here.
3   Here I am!
4   Where is the printer? Here, under the table.

5.8 Compounds with *da-*

darauf   daneben   darunter

• A number of prepositions are only followed by a pronoun when the pronoun refers to a person rather than a thing. For things, a compound with **da-** is used instead. For example

with him is **mit ihm**	*with it* is **damit**
for her is **für sie**	*for it* is **dafür**
in front of him is **vor ihm**	*in front of it* is **davor**

The most important **da-** compounds are:-

dabei	daneben
dadurch	davon
dafür	davor
dagegen	dazu
dahinter	dazwischen
danach	

Most of these have several meanings; look them up in a dictionary.

If the preposition starts with a vowel, an additional **r** is inserted to make the compound pronounceable:-

daran	darin
darauf	darüber
daraus	darunter

The equivalent question forms are constructed with **wo-** or **wor-**

womit?	*with what?*
wovon?	*of what?*
worüber?	*about what?*

• Where the pronoun following the preposition refers to a person, you use the pronoun as usual.

Hier kommt Stephan. Ich fahre mit ihm in die Stadt.
Here comes Stephan. I am going with him into the town.

➡ Shorten the following sentences by substituting the words in italics
with either a pronoun or a da- compound:-
1 Ich fahre mit *dem Fahrrad* in die Stadt
2 Ich wohne bei *meiner Oma*
3 Ich lege die Bücher auf *den Schreibtisch*
4 Neben *dem Schreibtisch* steht der Papierkorb
5 Ich weiß nichts von *diesem Vorschlag*
6 Ich habe einen Brief von *Stephan*

5.9 Verb + preposition

Sie erzählt Susan von ihrem Zimmer

● There are a large number of fixed combinations of verb and
preposition which have become firmly established in German. Among
the most important, and therefore worth learning, are:-

an	denken an (+acc)	*to think of*
	sich erinnern an (+acc)	*to remember*
	sich gewöhnen an (+acc)	*to get used to*
	glauben an (+acc)	*to believe in*
auf	antworten auf (+acc)	*to answer*
	warten auf (+acc)	*to wait for*
	sich freuen auf (+acc)	*to look forward to*
aus	bestehen aus (+dat)	*to consist of*
für	sorgen für (+acc)	*to take care of*
	sich interessieren für (+acc)	*to be interested in*
in	sich verlieben in (+acc)	*to fall in love with*

mit	sprechen mit (+dat)	to speak to
über	sich freuen über (+acc)	to be pleased about
um	sich bewerben um (+acc)	to apply for
	bitten um (+acc)	to ask for
von	sich verabschieden von (+dat)	to say goodbye to

➡ **A** Complete the following sentences with the appropriate prepositions and endings:-

1 Susan verabschiedet sich ___ d__ Oma
2 Stephan gewöhnt sich __ d__ Leben in Frankfurt
3 Roswitha freut sich ___ d__ Semesterferien
4 Hans wartet an der Bushaltestelle ___ sein__ Freundin
5 Susan spricht ___ ein__ Studentin
6 Susan denkt oft __ ihr__ Eltern in England
7 Sie antwortet sofort __ d__ Brief von ihren Eltern
8 Stephan bewirbt sich __ ein__ Stelle in Frankfurt
9 Susan interessiert sich __ d__ Leben in Deutschland
10 Roswitha bittet ihren Vater __ Geld
11 Ich freue mich sehr ___ d__ Geschenk

➡ **B** Recapping various prepositions from this chapter, can you complete the following? It is Susan talking about a letter she is writing.

Ich schreibe einen Brief __(1) meine Freundin. Ich erzähle ihr __(2) meinem Besuch __(3) Deutschland. ____(4) meines Urlaubs habe ich viel __(5) Deutschland gesehen. Alle waren sehr nett __(6) mir und ich war __(7) vielen Familien eingeladen. Ich bin oft __(8) Kino gegangen, war auch __(9) Theater und __(10) der Oper. Einmal sind wir sogar ____(11) Bad Dürkheim ___(12) Wurstmarkt gefahren.

6 Knowing what to say next

Andere Länder, andere Sitten

Susan unterhält sich mit Hans, Stephan und Roswitha über Sitten und Gebräuche in England und Deutschland

Hans	Susan, du bist jetzt schon <u>einige Wochen hier in Deutschland</u>. <u>Findest du das Leben hier anders</u> als in England?	6.4 6.5
Susan	<u>Große Unterschiede gibt es nicht</u>, aber ihr steht früher auf. Das Essen ist auch etwas anders.	6.1/ 6.6
Stephan	Diese Unterschiede bestehen auch zwischen Sachsen und Hessen. Wir <u>stehen noch früher auf</u> und essen auch andere Spezialitäten.	6.3
Hans	<u>Regionale Spezialitäten gibt es in ganz Deutschland</u>. In Thüringen ißt man Thüringer Klöße, in Frankfurt Frankfurter Würstchen, in Bayern Weißwürste.	6.1
Stephan	Aber es gibt noch mehr Unterschiede. Die Nord-deutschen sind reserviert und die Bayern..., <u>aber das weißt du bestimmt schon</u>.	6.1
Hans	Einen wichtigen Unterschied kann ich dir mit der Fastnacht erklären. <u>Hier in Frankfurt und in Mainz feiern wir Fastnacht</u>, die Kölner feiern Karneval und die Münchner den Fasching.	6.1
Hans	In der Faschingszeit gibt es auch Sonderzüge. Nach Düsseldorf und Köln fährt der Sonderzug »Pappnase« <u>morgens um 6 Uhr von Hamburg ins Rheinland</u>. Abends um 18 Uhr <u>kann man dann</u> mit demselben Zug wieder <u>zurückfahren</u>.	6.4 6.3

Stephan	Das reicht über Sitten und Gebräuche! Kannst du mir bitte die Schokolade herüberreichen?	
Susan	Die Schokolade kannst du haben. Aber <u>iß nicht so viel</u>, sonst wirst du zu dick.	6.6
Stephan	Ich und zunehmen? Kein Problem! <u>Erstens nehme ich nicht zu</u> und zweitens fahre ich viel Fahrrad und <u>gehe viel spazieren</u>. Dabei nimmt man ab.	6.6 6.2
Hans	Ja, ja. Darf ich das Thema wechseln? Susan, <u>könntest du mir mal ein Loch</u> in meiner Hosentasche <u>flicken</u>?	6.5
Susan	Das sind aber Sitten hier bei euch in Deutschland! In England machen das die Männer selbst.	
Roswitha	Und in Deutschland auch! <u>Hans hat nur eine Dumme gesucht</u>.	6.2
Stephan	Und nächstens repariert ihr euch auch eure Autos selbst und macht eure Türen selbst auf und bezahlt euer Bier......	
Roswitha	<u>Tun wir ja schon!</u>	6.1

Die Kölner feiern Karneval

6.1 Main verb position

Große Unterschiede gibt es nicht
Regionale Spezialitäten gibt es in ganz Deutschland
Aber das weißt du ja schon   Tun wir ja
Hier in Frankfurt und Mainz feiern wir Fastnacht

● In an English sentence, the subject of the action always precedes
the verb. This is the only means we have of showing which is the
subject. For example, the difference in meaning between
         The dog bites the man
and   The man bites the dog
is shown only by the position of *man* and *dog* in the sentence.

In German whether you say
         Der Hund beißt den Mann
or   Den Mann beißt der Hund
it is still the dog biting the man, because *der Hund* is nominative and
can only be the subject, whereas *den Mann* is accusative and can
only be the object, no matter where in the sentence they occur.

The most important word order rule in German is that only one
element can come before the main verb. The verb is accordingly the
second idea in the sentence.
         Ich **fahre** morgen nach Köln
         Nach Köln **fahre** ich morgen
         Morgen **fahre** ich nach Köln.
(The only exception is in questions and requests; see section 6.5)

In English, any number of elements can precede the verb, provided
that the subject is one of them. We can say
         Having packed my luggage already, early tomorrow morning
         and without time to say goodbye, I shall be leaving for Cologne.
In this example, *I* is the subject and *shall be leaving* is the verb. You
will see that there are three quite large chunks of language before
either of them.

German cannot do this. So when speaking or writing German, you
must remember to make the verb the second element.

- In the majority of German sentences, the first element is indeed the subject. But this is by no means always the case. Since a sentence is usually part of a longer narrative or a dialogue, you can use the first element to link the sentence to what has just been said.

  Look at these examples from our text:-
  Große Unterschiede **gibt** *es* nicht
  Regionale Spezialitäten **gibt** *es* in ganz Deutschland
  Hier in Frankfurt und Mainz **feiern** *wir* Fastnacht
  The verb is shown in bold print, and the subject in italics. In the first two cases, if you look back at the dialogue, you will see that the speaker is picking up something that someone else has just said. The third example is a development of what Hans is explaining; it also shows how the first element can be far more than one word, but it must be a single concept or idea.

- Note that there are a few short words which can introduce a sentence without themselves being the first element. These include:-
  ja
  nein
  ach
  aber
  und
  as in our example
  Aber das **weißt** *du* ja schon
  where *aber* merely introduces the sentence and *das* is the first element.

- Occasionally, the first element is implied or omitted, as in
  Tun *wir* ja schon!
  which is a shortened version of
  Das **tun** *wir* ja schon!

➡ **A**   Rewrite the following sentences starting with the phrase in italics.
Remember that the verb must come next!
1   Es gibt *in ganz Deutschland* regionale Spezialitäten
2   Ich repariere *mein Auto* selbst
3   Ich flicke *meine Hosentasche* selbst
4   Schokolade esse ich *am liebsten*
5   Hans fährt *jeden Morgen* mit seinem Auto von Usingen nach Frank-
    furt zur Arbeit
How many other ways are there of starting the same sentences?

➡ **B**   The following statements all start with **man**. As such, they are
rather boring. Make them into a more interesting sequence by starting
each sentence with the region you are referring to
e.g.   Man ißt Thüringer Klöße in Thüringen
       In Thüringen ißt man Thüringer Klöße
1   Man feiert Karneval in Köln
2   Man feiert Fastnacht in Mainz
3   Man feiert Fasching in München
4   Man feiert Fasnet im Dreiländereck zwischen Freiburg, Basel und
    Straßburg

➡ **C**   A computer technician is explaining her hard working day. We
have listed the statements, together with some adverbs which she might
use to link them into a single narrative. Make up the complete narrative
using the adverbs to start each new sentence.
e.g.   morgens   Das harte Leben fängt schon an
       Morgens fängt das harte Leben schon an
1   oft   Ich bekomme einen Brief mit einem Problem
2   meistens   Das ist nicht so einfach
3   zwischendurch   Das Telefon klingelt
4   dann   Ich unterbreche die Arbeit
5   danach   Ich beginne wieder von Anfang an
6   außerdem   Es gibt noch viele Probleme vom Vortag
7   am besten   Ich lege alle Probleme in den Aktenschrank
8   dann   Ich trinke eine Tasse Kaffee

6.2 Second verb position

Ich gehe viel spazieren
Hans hat nur eine Dumme gesucht

● Frequently, the verb will consist of more than one word. This occurs, for example

with two verbs combined	ich **gehe spazieren**
with modal verbs, e.g. *can, will*	ich **kann erzählen**
in the past tense	ich **habe gekauft**
in the future	ich **werde kaufen**
with separable verbs	ich **kaufe ein**

We shall deal with some of these in more detail later. For the time being, what we need to note is that in all these cases, the first part of the verb takes the second element position in the sentence (6.1 above), but the second part of the verb goes at the end of the clause.

We can talk of the verb forming a bracket around the rest of the clause:-
ich **gehe** jedenTag **spazieren**
sie **hat** heute in der Stadt Obst und Gemüse **gekauft**
Susan **wird** am Samstag einen neuen Pullover **kaufen**
ich **kaufe** sehr gerne in diesem Warenhaus **ein**
Hans **hat** nur eine Dumme **gesucht**

● But which part of the verb goes in which slot? The part which opens the bracket is always the *finite verb*, that is the part which changes according to the subject. The part which goes in the closing bracket position is that part which never changes:-
Ich **gehe** jeden Tag **spazieren**
Er **geht** jeden Tag **spazieren**
Wir **gehen** jeden Tag **spazieren**

Ich **habe** heute in der Stadt Obst und Gemüse **gekauft**
Er **hat** heute in der Stadt Obst und Gemüse **gekauft**
Wir **haben** heute in der Stadt Obst und Gemüse **gekauft**

➡ **A**   In the following sentences, place the two parts of the verb in the correct position:-

1	(kann fahren)	Ich (CAN GO) nächste Woche nach Frankfurt
2	(habe gekauft)	Ich (HAVE BOUGHT) eine neue Jacke
3	(wird fahren)	Er (WILL GO) morgen nach Bad Dürkheim
4	(hat gekauft)	Roswitha (HAS BOUGHT) ein schönes Kostüm für die Fastnacht
5	(steht auf)	Stephan (GETS UP) sehr früh
6	(kann erzählen)	Hans (CAN TELL) sehr viel von der Fastnacht
7	(muß kaufen)	Susan (MUST BUY) eine neue Bluse
8	(möchte besuchen)	Roswitha (WOULD LIKE TO VISIT) ihre Familie in Alzey
9	(steigt um)	Carla (CHANGES) in Frankfurt
10	(kann flicken)	Susan (CAN MEND) das Loch in der Hose

➡ **B**   Here is a list of activities:-

schwimmen gehen;   reiten gehen;   turnen gehen;   essen gehen; spazieren gehen; Tennis spielen; Ski laufen

Put them into the following sentences as appropriate:-

1   Im Sommer _____ ich im See _____

2   Im Winter _____ ich gern _____

3   Meine Schwester _____ jeden Sonntag im Reitstadion _____

4   Wir _____ in ein sehr schönes Restaurant _____

5   Im Schwarzwald _____ ich gern _____

6   In der Turnhalle _____ ich ab und zu _____

7   Wir _____ auf dem Sportplatz gern _____

6.3 Compound verbs

Wir stehen noch früher auf
Abends kann man mit demselben Zug zurückfahren
Kannst du mir bitte die Schokolade herüberreichen?

● Many verbs in German are formed by compounding a simple verb with a prefix.

e.g. from	**steigen**	*to climb*
you have	**einsteigen**	*to get in/on*
	aussteigen	*to get out/off*
	umsteigen	*to change*

● Some compound verbs are *separable*, others are *inseparable*. The inseparable ones are easy, because the compound verb behaves just like any other simple verb. For example, **unterschreiben** is an inseparable verb meaning *to sign*. You say simply

ich **unterschreibe** den Brief

or, if the inseparable verb is the second verb in a sentence

ich **muß** den Brief **unterschreiben**

In the case of the separable verbs, however, where they are used as the only verb in the sentence, the prefix is detached from the stem and takes the second verb position at the end of the clause:-

Ich **steige** an der nächsten Haltestelle **um**

Wir **stehen** noch früher **auf**

But when the compound verb is itself the second part of a verbal element, i.e. when the whole of it takes the second verb position at the end, the prefix remains joined:-

Ich **kann** an der nächsten Haltestelle **umsteigen**

Wir **müssen** noch früher **aufstehen**

Abends **kann** man mit demselben Zug **zurückfahren**.

The following prefixes are always **inseparable**:-

be-	emp-	ent-	er-
ge-	miß-	ver-	zer-

e.g. beginnen   *to begin*
      verkaufen   *to sell*
      zerbrechen *to smash*

The following are **separable** when the meaning is taken concretely, but **inseparable** when there is a more abstract meaning:-

durch-	hinter-	über-	um-
unter-	voll-	wider-	wieder-

e.g. durchschauen (sep)   *to look through*
      Tolles Mikroskop. Schau mal durch!
      durchschauen (insep)   *to see through*
      Ich durchschaue immer deine Lügen
      übersetzen (sep)   *to ferry across*
      Er setzte die Passagiere nach Cuxhaven über
      übersetzen (insep)   *to translate*
      Er übersetzte den Brief

All other prefixes are **separable**

e.g. ankommen   *to arrive*
      aufstehen   *to get up*
      einkaufen   *to go shopping*

      Der Zug kommt um drei Uhr an
      Ich stehe um sieben Uhr auf
      Ich kaufe in der Stadt ein

➡ **A** Put the separable verbs **fernsehen, spazierengehen, aufstehen, ankommen** and **kennenlernen** in the right place in the following sentences. You will need to watch the ending on the finite (first) part of each!

1 Die Familie _____ jeden Sonntag im Park _____
2 Abends _____ die Kinder _____
3 Wir _____ erst um 21 Uhr in Bad Dürkheim _____
4 In Sachsen _____ man sehr früh _____
5 Auf der Universität _____ man Studenten aus aller Welt _____

➡ **B** The following sentences all include compounds of **schreiben**. How would you translate them into English?

1 Der Arzt verschreibt mir ein Rezept
2 Das ist kein Fehler, ich habe mich nur verschrieben
3 Der Student schreibt die richtige Lösung von seinem Freund ab
4 Der Abteilungsleiter unterschreibt den Brief
5 Die Firma hat das neue Projekt ausgeschrieben
6 Man hat uns neue Regeln vorgeschrieben
7 Den Brief habe ich per Einschreiben geschickt
8 Die Fehler wurden alle demselben Mann zugeschrieben

➡ **C** Look in your dictionary. How many compound verbs can you find based on the stem **geben** ? Start with **angeben, abgeben, aufgeben....**

➡ **D** The following sentences all contain inseparable verbs. Put them into the correct form.

1 Hans, Stephan und Roswitha (TELL) Susan von den Sitten und Gebräuchen in Deutschland
2 Die Wissenschaftler (DISCOVER) immer mehr Probleme mit dem Treibhauseffekt. Manchmal (MISUNDERSTAND) die Medien, was die Wissenschaftler sagen wollen.
3 Das Zimmer (BELONGS TO) Roswitha
4 Die vier Studenten (TRY) verschiedene regionale Spezialitäten
5 Stephan (RECOMMENDS) Thüringer Klöße
6 Nach dem Essen (VISIT) sie den Frankfurter Zoo.

6.4 Word order in the rest of the clause

einige Wochen hier in Deutschland
morgens um 6 Uhr von Hamburg ins Rheinland

● There are also rules for determining the order of words within the bracket. For producing acceptable German sentences, the following guidelines will be sufficient:-

1 If the subject was not the first element in the sentence, it will normally come immediately after the verb.

e.g.   Morgen kommt **mein Freund** aus Frankfurt
Tomorrow my friend from Frankfurt is coming

Wahrscheinlich kommt **er** morgen
He will probably come tomorrow

2 A useful rule of thumb is TIME — MANNER —PLACE. This is not 100% foolproof when analysing German sentences, but again a useful guide when you are speaking or writing German.

e.g.   Ich fahre **morgen nach Frankfurt**
I am going to Frankfurt tomorrow

Susan fährt **nächste Woche mit dem Zug nach Bad Dürkheim**
Susan is going by train to Bad Dürkheim next week

3 The object of the verb is often delayed more than it would be in English

e.g.   Ich schreibe heute abend **einen Brief**
I am going to write a letter this evening

4   If there are two nouns, the accusative will come last
    Ich schenke meiner Oma **einen Schal**

If there is a pronoun and a noun, the pronoun will come first
Ich schenke **ihn** meiner Oma

If there are two or more pronouns after the verb, they will come in
the sequence nominative-accusative-dative
    Ich schenke **ihn ihr**
    Morgen schenke **ich ihn ihr**

➡ **A**   Practise the time-manner-place sequence by inserting the
phrase in brackets into each of the following sentences:-
1   Ich fahre mit dem Auto zur Arbeit (jeden Morgen um 7 Uhr)
2   Die Fastnacht feiert man in vielen Teilen Deutschlands (jedes
    Jahr)
3   Hans frühstückt jeden Morgen zu Hause (um 8 Uhr)
4   Roswitha geht jeden Morgen um 8 Uhr zur Universität (zu Fuß)
5   Letztes Jahr bin ich mit dem Auto gefahren (nach Deutschland)
6   Samstags fahre ich gern mit meiner Familie einkaufen (nach
    Frankfurt)
7   Susan wird wieder nach Deutschland kommen (nächstes Jahr)
8   Der Zug kommt auf Gleis 3 an (pünktlich)
9   Nächste Woche fährt Stephan mit dem Auto auf Urlaub (nach
    Italien)
10   Carlas Mutter fährt in die Stadt einkaufen (schnell)

➡ **B**   The example below shows how pronouns can replace nouns.
Apply the same pattern to each of the sentences which follow.
e.g. Hans erklärt Susan regionale Unterschiede
      Er erklärt Susan regionale Unterschiede
      Er erklärt ihr regionale Unterschiede
      Er erklärt sie Susan
      Er erklärt sie ihr
1   Roswitha schenkt ihrer Mutter ein Buch
2   Hans zeigt Susan die Stadt Frankfurt
3   Susan schreibt ihren Eltern einen Brief

6.5 Questions and requests

Findest du das Leben anders?
Könntest du mir ein Loch flicken?

● Many questions in German are introduced by an ***interrogative***, e.g. **wo?**, **wohin?**, **wer?**, **was?** etc. In these cases, the interrogative forms the initial element in the sentence and the rest proceeds as above:-
　　Stephan kommt aus Sachsen
　　Wer kommt aus Sachsen?

　　Heute fährt Hans nach Frankfurt
　　Wann fährt Hans nach Frankfurt?

　　In Basel feiert man eine Woche später
　　Wo feiert man eine Woche später?

● But if the question is one which can be answered with *yes* or *no*, no interrogative is needed. In this case, the verb begins the sentence:-
　　Kommt Stephan aus Sachsen?
　　Findest du das Leben anders?
　　Könntest du mir ein Loch flicken?

English frequently cannot express this type of question so simply, with the result that the verb is often changed from a simple to a more complex form:-
　　Kommt Stephan aus Sachsen?
　　Does Stephan come from Saxony?

As a result, English learners of German are often tempted to translate word for word, when the simple German tense is all that is required:-
　　Are you coming to the cinema tonight?
　　Kommst du heute abend ins Kino?
It is quite wrong to start the sentence with 'Bist du.....'!

● A similar sentence structure is used with the imperative (see section 1.5) to express commands and requests:-

e.g. Gib mir bitte das Buch!
Fangen Sie sofort an!

➥ **A** Question the following statements by asking if each is really true.

e.g. In Deutschland ißt man am Faschingsdienstag Fastnachtskreppel
Ißt man in Deutschland wirklich am Faschingsdienstag
Fastnachtskreppel ?

1 In England ißt man am Fastnachtsdienstag Pfannkuchen
2 In Thüringen ißt man Thüringer Klöße
3 Am Aschermittwoch ist die Fastnacht vorbei
4 In Bayern trinkt man sehr viel Bier
5 Der Sonderzug Pappnase fährt nur in der Karnevalszeit
6 In Südamerika feiert man auch den Karneval
7 Am Rosenmontag gibt es in Köln einen großen Umzug
8 Susan flickt das Loch in der Hosentasche
9 Roswitha und Susan bezahlen ihr Bier selbst
10 Stephan nimmt nicht zu

➥ **B** Use **wo, wohin, woher, wann, wer, was für, wie lange** and **wie** to ask the questions indicated.

Der Sonderzug „Pappnase" fährt morgens um 6.12 Uhr von Hamburg ins Rheinland
Ask (1) what the train is called, (2) what time it goes, (3) where it comes from, (4) where it goes to, and (5) what sort of train it is

Hans führt jeden Tag eine Stunde seinen Hund im Park spazieren
Ask (6) who takes the dog for a walk; (7) when Hans takes his dog for a walk; (8) where he takes the dog for a walk, and (9) for how long he takes his dog for a walk

6.6 Negation

Iß nicht zu viel!
Erstens nehme ich nicht zu
Große Unterschiede gibt es nicht

● Knowing where to place the word **nicht** in a German sentence can be tricky, and generally only comes with experience. Sometimes it is easy, because you want to negate one particular word or phrase. You can say

> Er kommt nicht heute, sondern morgen
> *He isn't coming today, he's coming tomorrow*

and the word *nicht* clearly goes before *heute*, because that is the word you are negating.

● But what if you want to negate a whole sentence? In this case, German places the word *nicht* towards or at the end of the sentence.

> Große Unterschiede gibt es nicht
> *There are no great differences*

But any element which has to go to the end will go beyond the *nicht*. For example, anything taking the second verb position.
> Erstens nehme ich nicht zu
> *For a start, I don't put on weight*
(*zunehmen* is a separable verb and so the *zu* has to go to the end.)

In a request or command, the *nicht* follows the verb
> Iß nicht zu viel
> *Don't eat too much.*

Other negatives (e.g. **niemals** *never* **kaum** *hardly*) also take the same position in the clause.

● Remember never to say 'nicht ein'; always use **kein** (see section 3.1)

➡ Contradict the following sentences by inserting **nicht** or **kein**:

1 Ich kaufe Schokolade
2 Wir gehen morgen
3 Wir gehen morgen in den Zoo
4 Er wohnt in Frankfurt
5 Er hat ein Auto
6 Er fährt mit dem Auto in die Stadt
7 Hier darf man parken

Iß nicht zu viel!

7 Talking about the past

Jugend in der DDR

Stephan unterhält sich mit Roswitha über seine Kindheit in
der DDR.

Roswitha	Du <u>hast uns neulich erzählt</u>, daß du erst seit ein paar	7.1
	Monaten in Frankfurt bist. <u>Wo hast du vorher studiert?</u>	7.1
Stephan	Ich habe an der Humboldt-Universität in Ost-Berlin	
	studiert, und zwar Mathematik. In diesem	
	Studienfach spürte man am wenigsten Politik. Jetzt	
	arbeite ich hier an meiner Dissertation. <u>Ich hatte Glück</u>	7.5
	und habe ein Stipendium bekommen; das ist zur Zeit	
	sehr schwer, denn viele Ostdeutschen wollen im	
	Westen studieren.	
Roswitha	Gefällt es dir denn hier?	
Stephan	Ja, es gefällt mir schon. Aber alles ist so teuer. Zum	
	Beispiel <u>bin ich früher</u> in Berlin für 20 Pfennig	7.3
	überall <u>rumgefahren</u>, mit der U-Bahn, mit der S-Bahn,	
	mit dem Bus. Und wir hatten überhaupt mehr	
	Vergünstigungen. <u>Für die Jugend hat man viel	7.2
	getan</u>.	
Roswitha	Wie meinst du das?	
Stephan	Na ja, <u>das fing schon mit den Pionieren an</u>. Man	7.4
	hatte immer etwas zu tun. <u>Es gab Zeltlager</u> und	7.5
	<u>man traf sich jede Woche</u>.	7.4
Roswitha	War das nicht sehr politisch?	
Stephan	Schon, aber als Kind <u>hat man das nicht so gemerkt</u>.	7.1
	Und man konnte mit seinen Freunden etwas	
	unternehmen. Es gab halt viel Kameradschaft.	

Roswitha	<u>Du bist also gern bei den Pionieren gewesen?</u>	7.3
Stephan	Eigentlich ja. Meine Familie hatte keine starken kirchlichen Beziehungen, da gab es also kein Problem. Mein Freund war der Sohn eines Pfarrers. <u>Für ihn sind da</u> schon einige <u>Probleme entstanden.</u>	7.3
Roswitha	<u>Das hat man hier in den Zeitungen gelesen</u> und die die Kirchen <u>haben</u> am Anfang der Wende <u>eine wichtige Rolle gespielt.</u>	7.2 7.1
Stephan	Die Kameradschaft von früher, die vermisse ich hier. Bei euch verläuft sich so alles. Es gibt so viel zu tun, aber man hat kein Geld. Ich wenigstens nicht.	
Roswitha	Na ja, das stimmt schon. Aber wenn man Geld hat, kann man es ausgeben, wie man will.	
Stephan	Da hast du recht. Ich kann auch sagen, was ich will. Früher konnte ich das nicht. <u>Und man durfte nicht hinfahren, wo man wollte.</u> Urlaub konnte man nur im Ostblock machen.	7.5
Roswitha	Aber jetzt sind die Zeiten vorbei.	
Stephan	Schon. Aber dafür haben wir andere Probleme. Früher haben wir keine Arbeitslosigkeit gekannt. Jetzt kennt jeder wenigstens einen, der arbeitslos ist. Und alles ist jetzt viel teurer. Früher <u>waren unsere Grundlebensmittel sehr billig.</u> Und für Mieten haben wir auch sehr wenig bezahlt.	7.4
Roswitha	Ich denke, du sehnst dich nach der alten DDR!	
Stephan	Das nicht. Aber einiges vermisse ich schon.	

7.1 Perfect tense — weak verbs

**Man hat es nicht gemerkt   Du hast uns erzählt
Die Kirche hat eine wichtige Rolle gespielt
Wo hast du studiert?**

- The **perfect tense** is the form most commonly used in spoken German to talk about events which have already happened. As will be seen in more detail in section 7.5, it corresponds not only to the English perfect tense, but frequently to the English past tense as well.

Ich habe gemerkt	*I have noticed; I noticed*
Ich habe nicht gemerkt	*I haven't noticed; I didn't notice*

- The perfect tense consists of two parts, the verb **haben** or **sein** and the **past participle**. In this section and in section 7.2, we are only concerned with verbs which form their perfect tense with *haben*. We shall consider in section 7.3 those which form the perfect with *sein*.

For the majority of verbs, the past participle is formed by adding the prefix **ge-** and the suffix **-t** to the stem.

kaufen	ich habe **ge**kauft *I bought*
	du hast **ge**kauft
	er/sie/es hat **ge**kauft
	wir/Sie/sie haben **ge**kauft
	ihr habt **ge**kauft

merken	ich habe **ge**merkt, du hast **ge**merkt, etc.
spielen	ich habe **ge**spielt, du hast **ge**spielt, etc.

In the clause, the form of *haben* takes the first verb position and the past participle the concluding verb position.

Die Kirchen **haben** eine wichtige Rolle **gespielt**
The churches played an important role.

● All the verbs which add the suffix **-t** to form the past participle are called **weak verbs**. This is to distinguish them from the **strong verbs**, which are dealt with in section 7.2.

Some of them, however, do not require the prefix **ge-**. These are
a)   inseparable verbs (see section 6.3) which begin with **be-, ent-, emp-, er-, ge-, miß-, ver-, zer-**.
      e.g.   ich habe erzählt   *I told*
             du hast uns erzählt...... *you told us...*

b)   verbs ending in **-ieren**.
      e.g.   ich habe studiert   *I studied*
             Wo hast du früher   *Where did you study before?*
             studiert?

Separable verbs (see section 6.3) insert the prefix **ge-** between the two components of the past participle
e.g.   Ich habe heute morgen   *I went shopping this morning*
       eingekauft

Verbs whose stem ends in a **-d** or **-t** will require an additional **e** in the past participle (see section 1.3 for the present tense)
e.g.   Ich habe gearbeitet   *I worked*
       Wir haben im Meer gebadet   *We swam in the sea*

➡   The following are statements Stephan might have made about himself when he was studying in Berlin. Now he is in Frankfurt looking back at those years. How would he express the same thoughts now?
e.g.   Ich lebe billig   Ich habe billig gelebt
1   Ich kaufe viele Bücher
2   Ich studiere an der Humboldt-Universität
3   Ich studiere Mathematik
4   Ich lerne auch Russisch
5   Ich wohne auch in Berlin
6   Ich habe ein Zimmer in einem Studentenwohnheim
7   Ich räume das Zimmer jede Woche auf
8   Die Fahrt mit der U-Bahn kostet 20 Pfennig
9   Ich arbeite viel
10   Ich sage nicht viel über Politik

7.2 Perfect tense — strong and mixed verbs

Man hat viel getan   Das hat man in der Zeitung gelesen

● In English, most verbs form their past participle with -ed
   e.g.   live — lived
          dance — danced
   But quite a large number take the ending -n
   e.g.   give — given
          eat — eaten
   or have no ending at all
   e.g.   read — read

   There is an even greater number of German verbs which do not form
   their past participle with **-t**. Instead, the past participle ends in **-en**,
   and there is frequently a vowel change as well
   e.g.   ich lese — ich habe gelesen *I read*
          ich trinke — ich habe getrunken *I drank*

          Für die Jugend hat man viel getan
          A lot was done for young people

          Das hat man in der Zeitung gelesen
          One read about that in the newspaper(s)

   These verbs are called irregular or **strong verbs**. You will find a list
   of the most important of them on pages 110-111 and a much longer
   list in any good dictionary.

● Also included in German verb lists are a few verbs which can be
   regarded as mixed, in the sense that they form the past participle with
   -t, but with a vowel change.
   e.g.   ich bringe — ich habe gebracht *I brought.*
          ich denke — ich habe gedacht *I thought*

● Any compound forms with these verbs will form their past participle in the same way as the basic verb
    basic verb **singen** *to sing*
    past participle **gesungen**
    compound verb **mitsingen** *to sing along*
    past participle **mitgesungen**

Like separable weak verbs, separable strong verbs insert the **-ge-** between the components
    ich spreche — ich habe gesprochen *I spoke*
    ich spreche nach — ich habe nachgesprochen *I repeated*
Inseparable strong verbs don't take the **ge-** at all.
    ich verspreche — ich habe versprochen *I promised*

● Any verb which you cannot find in a dictionary strong verb list, and which is not a compound of a strong verb, you can assume to be weak!

➡ Refer to the verb table on pages 110-111 and put the following into the perfect tense:-
1   Susan wohnt zwei Wochen bei Carla
2   Susan schreibt einen Brief an ihre Eltern
3   Ich nehme die U-Bahn an der Hauptwache
4   Die Oma in Alzey hebt trotz ihres Alters schwere Körbe
5   Stephan mietet ein Zimmer in Frankfurt
6   Carla findet ihren Dosenöffner nicht
7   Auf der Geburtstagsfeier trinken sie viel Wein
8   Stephan und Roswitha sprechen über die Vergangenheit
9   Susan trifft Stephan auf dem Campingplatz
10   Stephan schläft lange
11   Bei der Weinlese helfen die Familienmitglieder
12   Der Film beginnt um acht Uhr

7.3 Perfect tense with *sein*

Ich bin rumgefahren   Probleme sind entstanden
Bist du gern bei den Pionieren gewesen?

- In the King James Bible you will find some examples of English forming a perfect tense not with *to have* but with *to be*
  e.g.   I *am* come (rather than I *have come*)
        Babylon *is* fallen (rather than *Babylon has fallen*)
  This use of *to be* has died out in English, but is still very alive in German. Indeed, many of the most common German verbs form their perfect tense with **sein** rather than **haben**.

- The most important verbs in this group are:-

  a)   verbs of motion from one place to another
        kommen — ich bin gekommen *I came*
        fahren — ich bin gefahren *I went*
        fliegen — ich bin geflogen *I flew*

  b)   verbs which indicate a change of condition
        werden — ich bin geworden *I became*
        wachsen — ich bin gewachsen *I grew*
        einschlafen — ich bin eingeschlafen *I fell asleep*
        gebären — ich bin geboren *I was born*

  and also
        sein — ich bin gewesen *I was*
        bleiben — ich bin geblieben *I stayed*

In a dictionary you will find these verbs marked 'with sein' in the main entry and again if they are included in a strong/irregular verb list.

➡ **A** In the following examples, translate into German the verb shown in English. In all cases, the first part of the verb will be a form of *sein*.

1   Susan ___ nach Frankfurt_____   (DROVE)
2   Susan___ mit Hans ins Kino _____   (WENT)
3   Stephan___ sehr fleißig _____   (WAS)
4   Roswitha ___um sieben Uhr _____   (GOT UP)
5   Der Bus ___ um 17 Uhr am Hauptbahnhof_____   (ARRIVED)
6   Gestern abend ___ ich zu Hause_____   (STAYED)
7   Stephan ___ nach der Wende nach Frankfurt _____   (CAME)
8   Ich ___ nicht lange in der Disko _____   (STAYED)

➡ **B** The following examples have the second part of the verb completed. But is the first part a form of *sein* or *haben*?

1   Susan ___ auf der Geburtstagsfeier viel Wein getrunken
2   Susan ___ nach Deutschland gefahren
3   Hans ___einen Opel gefahren
4   Ich ___ einen Fehler gemacht
5   Der Chef ___ von London nach Frankfurt geflogen
6   Hans _____ nach der Wende nicht lange in Berlin geblieben
7   Auf der Geburtstagsfeier ___ Hans mit Susan getanzt.
8   Hans ___ noch nie in England gewesen
9   Aber er ___ einmal nach Amerika geflogen
10 Susan ___ schon als Baby schwimmen gelernt

➡ **C** Roswitha tells Stephan about a fire in a chemical firm in Switzerland. Please complete the text. As a help, we have indicated with an asterisk the verbs which take *sein*.

Von Tschernobyl ___ du bestimmt _____ (hören). Aber kurz darauf ___ in einem Chemiewerk in der Schweiz ein Feuer _____ (*ausbrechen). ___ihr davon in euren Zeitungen _____ (lesen)? Viele chemische Giftstoffe ___ in den Rhein _____ (*kommen). Viele Fische ___ _____ (*sterben). Man ___ die toten Fische aus dem Rhein _____ (fischen). Alle ___ sich fürchterlich über das Unglück (aufregen). Die Firma ___ man später _____ (freisprechen). Kurz darauf ___ ein anderes Unglück am Main _____ (*passieren). Wieder ___ viele Giftstoffe in den Rhein _____ (*fließen). Früher ___ der Rhein ein romantischer Fluß _____ (*sein), aber heute kann man ihn die Kloake Europas nennen, obwohl einiges jetzt wieder besser ist als vor zehn Jahren. Vielleicht ___ die Industrie bei uns zu mächtig _____ (*werden).

7.4 Simple past tense

Das fing bei den Pionieren an   Man traf sich jede Woche
Grundlebensmittel waren billig

- There is another way of expressing the past in German, which is to use the **simple past tense**. For historical reasons, this is sometimes called the imperfect, but this name bears no relationship to its use in German and can be confusing. So we shall follow the practice of modern grammars and call it the simple past. It is a tense primarily used in the written rather than the spoken language (but for more details of usage, see section 7.5).

- Weak verbs form their simple past by adding **-te** to the stem.

  e.g.   kaufen   ich kauf**te**   *I bought*
                         du kauf**test**
                         er/sie/es kauf**te**
                         wir/Sie/sie kauf**ten**
                         ihr kauf**tet**

- Strong verbs form the simple past mainly through a change of vowel,
  e.g.   sehen   ich **sah**   *I saw*
                         du **sahst**
                         er/sie/es **sah**
                         wir/Sie/sie **sahen**
                         ihr **sahe**

          treffen   ich **traf**   *I met*
                         Man **traf** sich jede Woche
                         We met every week

In both weak and strong verbs, note that the 3rd person *(er/sie/es)* form is the same as the *ich* form. In the case of strong verbs, note also that there is no **-e** ending for the 1st/3rd person; both end in the stem consonant.

● Mixed verbs both change the vowel and add **-te**
  ich bringe   ich **brachte**   *I brought*
  Verbs with a stem ending in **-d** or **-t** add an additional **-e-** :-
  ich arbeite   ich arbei**tete**   *I worked*
  and **sein** and **haben** both have irregular forms:-
  ich habe   ich **hatte**   *I had*
  ich bin   ich **war**   *I was*

  Grundlebensmittel **waren** billig
  Basic foods were cheap

  In the case of separable verbs, the simple past verb takes the initial
  verb position and the prefix the final verb position
  Das **fing** bei den Pionieren **an**
  It began with the Pioneers (junior branch of youth movement)

➡ **A**   Take the first two exercises from section 7.3 and write out the
sentences again in the simple past form.

➡ **B**   Winter can sometimes kick back very late. In 1985, there was a
sudden return of winter at the end of April. The following is a shortened
version of a report which appeared in a Cologne newspaper. But all the
verbs are given in the infinitive; can you restore the original simple past
forms?
Wer gestern aus dem Fenster (1 schauen), (2 können) am Wetter irre
werden; Schnee, Regen, dann wieder Sonnenschein. Drei Tage vor
dem 1. Mai (3 zurückkommen) der Winter noch einmal. Selbst im
Rheinland (4 sinken) die Temperaturen wieder unter den Gefrierpunkt.

Allein die Autobahnwache Hagen (5 registrieren) innerhalb weniger
Stunden elf typische Winter-Unfälle. München (6 versinken) in dichtem
Schneetreiben.

Auch in England (7 geben) es zum Teil heftige Schneefälle. Im
Schneesturm (8 stürzen) eine Privatmaschine nördlich von London ab.
Die vier Insassen aus Holland (9 kommen) ums Leben. Südlich von
Plymouth (10 sinken) ein Fischkutter; ein Flugzeugträger (11 retten) die
fünfköpfige Besatzung.

Past tense forms in German; verbs worth learning

Infinitive	Meaning	Simple past	Perfect

Strong verbs

ei—ie—ie

bleiben	*to stay*	ich blieb	ich bin geblieben
schreiben	*to write*	ich schrieb	ich habe geschrieben
steigen	*to climb*	ich stieg	ich bin gestiegen

e/ie/—o—o

bieten	*to offer*	ich bot	ich habe geboten
heben	*to lift*	ich hob	ich habe gehoben
schließen	*to shut*	ich schloß	ich habe geschlossen
verlieren	*to lose*	ich verlor	ich habe verloren
ziehen	*to pull*	ich zog	ich habe gezogen

i-a-u

finden	*to find*	ich fand	ich habe gefunden
singen	*to sing*	ich sang	ich habe gesungen
springen	*to jump*	ich sprang	ich bin gesprungen
trinken	*to drink*	ich trank	ich habe getrunken

e/i/o—a—o

beginnen	*to begin*	ich begann	ich habe begonnen
brechen	*to break*	ich brach	ich habe gebrochen
gewinnen	*to win*	ich gewann	ich habe gewonnen
helfen	*to help*	ich half	ich habe geholfen
kommen	*to come*	ich kam	ich bin gekommen
nehmen	*to take*	ich nahm	ich habe genommen
sprechen	*to speak*	ich sprach	ich habe gesprochen
sterben	*to die*	ich starb	ich bin gestorben
treffen	*to meet*	ich traf	ich habe getroffen
werfen	*to throw*	ich warf	ich habe geworfen

Infinitive	Meaning	Simple past	Perfect
e/i/ie—a—e			
bitten	*to ask for*	ich bat	ich habe gebeten
essen	*to eat*	ich aß	ich habe gegessen
geben	*to give*	ich gab	ich habe gegeben
lesen	*to read*	ich las	ich habe gelesen
liegen	*to lie*	ich lag	ich habe gelegen
sehen	*to see*	ich sah	ich habe gesehen
sitzen	*to sit*	ich saß	ich habe gesessen
vergessen	*to forget*	ich vergaß	ich habe vergessen
a—u—a			
tragen	*to carry*	ich trug	ich habe getragen
fahren	*to drive*	ich fuhr	ich bin gefahren
schlagen	*to hit, beat*	ich schlug	ich habe geschlagen
a—i/ie—a			
fallen	*to fall*	ich fiel	ich bin gefallen
fangen	*to catch*	ich fing	ich habe gefangen
halten	*to hold*	ich hielt	ich habe gehalten
lassen	*to let*	ich ließ	ich habe gelassen
schlafen	*to sleep*	ich schlief	ich habe geschlafen
laufen	*to run*	ich lief	ich bin gelaufen
rufen	*to call*	ich rief	ich habe gerufen
tun	*to do*	ich tat	ich habe getan
gehen	*to go*	ich ging	ich bin gegangen
sein	*to be*	ich war	ich bin gewesen
stehen	*to stand*	ich stand	ich habe gestanden
werden	*to become*	ich wurde	ich bin geworden

Mixed verbs

bringen	*to bring*	ich brachte	ich habe gebracht
denken	*to think*	ich dachte	ich habe gedacht
kennen	*to know*	ich kannte	ich habe gekannt
wissen	*to know*	ich wußte	ich habe gewußt

7.5 Perfect or simple past?

Es gab Zeltlager   Ich hatte Glück
Man durfte nicht hinfahren, wo man wollte

● Compare the following sentences in English:-
  I applied for a job in Manchester
  I have applied for a job in Manchester
  The first can refer to any time in the past, and in fact is probably incomplete without some indication of when the application was made. The second sentence, on the other hand, indicates that the application is fairly recent and indeed, still current. The perfect tense in English can be said to have a reference to the present.

This is not the case in German, where the perfect tense is used in conversation to refer to any past event without necessarily applying to the present. Thus to an extent, the simple past and perfect tenses in German are interchangeable. However, there are differences in the *contexts* in which they are used.

First and foremost, the perfect is the tense of conversation, and the simple past the tense of written narrative. In spoken German you would probably say
     Ich habe mich um eine Stelle in Manchester beworben
regardless of how long ago this was. But in a written account of, say, what happened last year, you could write
     Ich bewarb mich um eine Stelle in Manchester.

● The simple past is, however, used in conversation in the following circumstances:-

  a)   with frequently-used forms such as **ich war, ich hatte, ich sah, ich kam, ich ging, ich blieb, ich stand** and above all **es gab.**
        Es gab Zeltlager   *There were camps*
        Ich hatte Glück   *I was lucky*

b) with modal verbs **ich konnte, ich wollte, ich mußte, ich durfte, ich sollte** (see section 8.1)
Man durfte nicht hinfahren, wo man wollte
You could not travel wherever you wished

c) to translate the English continuous past, *was .....ing*
Als ich studierte, gab es keine Stipendien
When I was studying there were no grants

● In written German, the perfect tense is used where the result of an action is still evident
Es hat in der Nacht geschneit
It has snowed in the night

➡ Stephan is telling his friends about his life in the old GDR:-

So schlecht ist das Leben in der alten DDR auch nicht gewesen. Wir haben keine Arbeitslosen gekannt, wir haben billige Grundlebensmittel gehabt und man konnte billig mit dem Bus oder mit dem Zug fahren. Natürlich durften wir aber nicht reisen. Das haben wir alle sehr negativ empfunden. Bücher sind billig gewesen. Man konnte halt nur nicht alle Bücher kaufen. Ich habe Mathematik studiert, in naturwissenschaftlichen Fächern spürte man am wenigsten Politik. Wir haben natürlich auch politische Themen diskutiert, aber eben nicht so viel wie in den Geisteswissenschaften.

He is asked to write a short account for the student magazine, and types his first draft on Roswitha's computer. What would he have written?

8 Saying what you can, will or might do

Berufswünsche

Die jungen Leute sitzen zusammen und diskutieren, was sie einmal werden wollen und ob sie das auch können

Hans	Was willst du denn einmal werden, Stephan? Man kann doch nicht sein ganzes Leben studieren.	8.1/8.1
Stephan	Das kann man schon. Man lernt nie aus, und ich würde schon immer etwas Neues finden, was mich interessiert.	8.4
Hans	Ich hätte keine Lust, das ganze Leben lang Mathematik zu studieren!	8.2
Stephan	Das sagt mein Bruder auch. Er wollte immer etwas Praktisches machen, aber nie studieren. Deshalb hat er eine Lehre bei der Post gemacht. Die hatten bei uns nach der Wende ja viel zu tun. Sie mußten neue Telefonleitungen legen, überhaupt hätte ich nie gedacht, daß die neuen Telefonanschlüsse so schnell durchgeführt werden könnten.	8.1
		8.1
Roswitha	Und trotzdem mußten unsere Verwandten in Leipzig lange auf einen Anschluß warten.	
Stephan	Man mußte natürlich der Geschäftswelt den Vorrang geben. Privatleute sollten da Verständnis zeigen. Das Warten hatten sie ohnehin in der DDR gelernt! Übrigens, du hast auch noch nicht gesagt, was du später gern machen würdest.	8.1
Roswitha	Ich werde auch etwas Praktisches machen. Vielleicht im Umweltschutz arbeiten. Da könnte man etwas Positives leisten. Und das wäre in unserer zukünftigen Gesellschaft auch sehr notwendig.	8.3
		8.4

Hans	Immer die Idealistin! <u>Ihr Studenten dürft euch nicht so auf Idealberufe versteifen.</u> Etwas Handfestes solltet ihr machen!	8.1
Roswitha	Du hast gut reden! Ein Computer ist auch nichts Handfestes. <u>Wenn ich nur wüßte</u>, wie man eine gute Stelle im Umweltschutz bekommt. <u>Es ist so schwer, das Richtige zu finden.</u> <u>Ich wünschte, ich wäre schon fertig.</u> Im Moment überlege ich nur hin und her. <u>Meine Eltern hätten gerne</u>, daß ich zu Hause arbeite.	8.4 8.2 8.4 8.4
Hans	<u>Das wäre gut</u> — eine umweltbewußte Winzerin! Du könntest Verarbeitungsprozesse entwickeln, um den Abfall beim Keltern umweltfreundlich zu beseitigen! Ich habe neulich in einem Artikel gelesen: „<u>Könnte man die Abfälle umweltfreundlicher beseitigen</u>, so wäre dies ein großer Fortschritt."	8.4 8.5
Roswitha	Du <u>hast</u> auch nicht zu Hause <u>bleiben wollen.</u> Du bist nach Frankfurt gezogen. <u>Warum soll ich denn zu Hause bleiben?</u>	8.1 8.1
Hans	<u>Wenn du zu Hause bleibst, kommen wir dich besuchen.</u> Dann können wir wenigstens das Hauptprodukt der Weinernte umweltfreundlich beseitigen!	8.3/8.2

Ich hätte keine Lust, das ganze Leben lang zu studieren!

8.1 Modal verbs

Was willst du werden?   Warum soll ich zu Hause bleiben?
Ihr dürft euch nicht versteifen
Man kann nicht das ganze Leben lang studieren
Privatleute sollten Verständnis zeigen
Er wollte immer etwas Praktisches machen
Sie mußten neue Telefonleitungen legen
Du hast auch nicht zu Hause bleiben wollen

● A small number of verbs in German are known as ***modal verbs***, because they are used in conjunction with a second verb to indicate a 'mood' of wanting, obligation, permission etc.

These verbs are

können	**ich kann**	*I can, I am able to*
dürfen	**ich darf**	*I may, I am allowed to*
müssen	**ich muß**	*I must, I have to*
mögen	**ich mag**	*I like to, I may*
sollen	**ich soll**	*I am supposed to*
wollen	**ich will**	*I want to*

You will find a table showing the main parts of these verbs on the opposite page.

Note particularly the following:-
a)   In the present tense, the 1st *(I)* and 3rd *(he/she/it)* persons have the same form.
b)   In the past tense, almost all the verbs have a vowel change.

● The following notes will clarify the meanings and uses of each of the modals:-

ich kann is generally unproblematic since it is close to the English *I can*

ich darf means *I may* or *I am allowed to*. In the negative **ich darf nicht** is the equivalent of the English *I must not*

Modal verbs: present and simple past

können dürfen müssen mögen sollen wollen

Present

ich	kann	darf	muß	mag	soll	will
du	kannst	darfst	mußt	magst	sollst	willst
er/sie/es	kann	darf	muß	mag	soll	will
wir/Sie/sie	können	dürfen	müssen	mögen	sollen	wollen
ihr	könnt	dürft	müßt	mögt	sollt	wollt

Simple past

ich	konnte	durfte	mußte	mochte	sollte	wollte
du	konntest	durftest	mußtest	mochtest	solltest	wolltest
er/sie/es	konnte	durfte	mußte	mochte	sollte	wollte
wir/Sie/sie	konnten	durften	mußten	mochten	sollten	wollten
ihr	konntet	durftet	mußtet	mochtet	solltet	wolltet

ich muß means *I must, I have to*. In the negative **ich muß nicht** simply implies *I do not have to* or *I need not*

ich mag is *I like*. It implies that you generally like doing something, as opposed to **ich möchte** which means *I should like*. It is a subjunctive form of **mögen** and behaves like a modal.
   ich möchte, du möchtest, er/sie/es möchte
   wir/Sie/sie möchten, ihr möchtet
Ich mag Kaffee *I like coffee*
Ich möchte eine Tasse Kaffee *I should like a cup of coffee (now)*

ich soll implies *I shall* or *I am supposed to*.

ich will is much stronger than **ich möchte** and is *I want to*. (For the future *I will* see section 8.3)

● Where the modal is used in conjunction with a second verb, the modal takes the first verb position in the sentence; the second verb is used in the infinitive and takes the final verb position at the end.

Ihr **dürft** euch nicht so **versteifen**
You should not be so set on it

Man **kann** nicht das ganze Leben lang **studieren**
You can't go on studying all your life

In the perfect tense, the modal verbs have past participles **gekonnt, gedurft, gemußt, gemocht, gesollt, gewollt.** But these are not used if there is also another verb in the infinitive. Instead, you use the infinitive of both verbs:-
Ich habe es **gewollt** *That's what I wanted*
Ich habe das Buch **lesen wollen** *I wanted to read the book.*
So it is hardly surprising that with modals, the simple past tense is preferred!
Ich **wollte** es
Ich **wollte** das Buch lesen

➡ **A**   Susan also talks about her future plans. In the following sentences, she makes various statements about what she must, can or would like to do. Clarify the meaning in each case by using the modal verb shown in brackets.

e.g.	Ich lerne in der Schule sehr viel	(müssen)
	Ich muß in der Schule sehr viel lernen	
1	Ich gehe nach York	(wollen)
2	Dort studiert man auch Linguistik	(können)
3	Ich arbeite auch mit Computern	(sollen)
4	Ich lerne tüchtig	(müssen)
5	Vielleicht arbeite ich auf dem Gebiet der Maschinen-übersetzungen	(können)
6	Das ist sehr interessant	(sollen)
7	Ich komme nächstes Jahr wieder nach Deutschland	(möchten)
8	Ich werde vielleicht Übersetzerin	(können)
9	Ich arbeite für eine große Firma	(möchten)
10	Ich arbeite auch freiberuflich	(können)

➥ **B**   The following sentences indicate situations which cannot be allowed to continue. In each case, use 'müssen' to indicate that things simply have to change

e.g.   Ich möchte nicht in die Schule gehen
      Ich muß aber in die Schule gehen

1   Er lernt nicht gern
2   Sie schreibt keine Briefe
3   Wir verhalten uns nicht umweltfreundlich
4   Du findest keine Stelle
5   Ihr arbeitet nicht viel
6   Sie machen sich keine Gedanken über die Zukunft

➥ **C**   Make the following sentences refer to a time in the past, by using the simple past.

e.g.   Ich muß viel arbeiten
      Ich mußte viel arbeiten

1   Ich kann Deutschland besuchen
2   Ich darf ins Kino gehen
3   Ich soll mehr Grammatik lernen
4   Er muß seine Hausaufgaben machen
5   Sie will ein neues Kleid kaufen

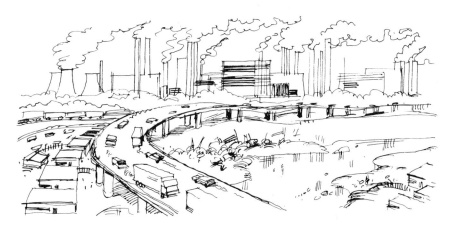

Wir verhalten uns nicht umweltfreundlich

8.2 Other uses of the infinitive

Keine Lust, Mathematik zu studieren
das Warten   kommen wir dich besuchen
Es ist so schwer, das Richtige zu finden

● Besides the modal verbs, there are a number of other verbs which
  can be followed by a simple infinitive. These are:-

bleiben	*to stay*	**lassen**	*to let*
gehen	*to go*		(see section 9.6)
helfen	*to help*	**lehren**	*to teach*
hören	*to hear*	**lernen**	*to learn*
kommen	*to come*	**sehen**	*to see*

e.g. Wir **kommen** dich **besuchen**
      We will come to visit you
      Ich **lerne schwimmen**
      I am learning to swim

● After other verbs, and after other parts of speech, the infinitive is
  preceded by **zu**.
  e.g. Ich versuche **zu studieren**
        I am trying to study
        Es ist schwer, das Richtige **zu finden**
        It is difficult to find the right thing

A particularly useful construction is **um....zu** *in order to*
      Susan fährt nach Deutschland, **um** ihr Deutsch **zu**
      verbessern
      Susan goes to Germany (in order) to improve her German

The infinitive with **zu** can also be used to indicate that something can
or cannot be done:-
      Der Chef ist im Moment nicht **zu finden**
      The boss is nowhere to be found at present

In separable verbs, the **zu** is inserted between the compounds
      Ich habe Lust, heute abend **auszugehen**
      I feel like going out this evening.

● The infinitive can also be used as a neuter noun; in this case, it is of course written with a capital letter.
   (Das) Warten haben sie gelernt
   They have learnt to wait

➡ **A**   Link the following sentences by using *um.....zu.....*
e.g.   Stephan geht nach Frankfurt. Er will dort studieren.
      Stephan geht nach Frankfurt, um dort zu studieren.
1   Roswitha schreibt an viele Firmen. Sie bewirbt sich um eine Stelle.
2   Hans besucht Leipzig. Er will die Lage dort sehen.
3   Die Freunde treffen sich in Roswithas Zimmer. Sie sprechen miteinander.
4   Ich fliege nach Berlin. Ich komme schneller an.
5   Ich kaufe eine Zeitung. Ich will sie im Flugzeug lesen.
6   Sie wählen zuerst 010 49 69. So können Sie Frankfurt direkt wählen.
7   Roswitha lernt viel. Sie will ein gutes Examen machen.
8   Hans macht Überstunden. Er will Geld für seinen Urlaub sparen.
9   Die Freunde fahren nach Bad Dürkheim. Sie wollen Susan den Wurstmarkt zeigen.
10   Hans trifft Carla auf der Hauptwache. Er will mit ihr ins Kino gehen.

➡ **B**   Use an infinitive construction to simplify the following.
e.g.   Heute können Sie Herrn Schäfer nicht sprechen
      Herr Schäfer ist heute nicht zu sprechen
1   Die Nummer kann ich im Telefonbuch nicht finden
2   Sie können Herrn Beck unter einer anderen Nummer erreichen
3   Das kann ich heute nicht machen
4   Das kann ich nicht glauben

➡ **C**   Instead of „Willst du?", begin the following questions with „Hast du Lust...?"
e.g.   Willst du ein Glas Bier trinken?
      Hast du Lust, ein Glas Bier zu trinken?
1   Willst du eine Radtour machen?
2   Willst du auf den Wurstmarkt nach Bad Dürkheim fahren?
3   Willst du heute abend ins Kino gehen?
4   Willst du die Geburtstagsgeschenke aufmachen?

8.3   The future

Ich werde auch etwas Praktisches machen
Wenn du zu Hause bleibst, kommen wir dich besuchen

● German uses the present tense to talk about the future whenever it is
clear to both speaker and listener that the future is meant. In the
dialogue example:-
   Wenn du zu Hause bleibst, kommen wir dich besuchen
   If you stay at home, we shall come and visit you
the whole conversation is about the future, so there is no need to
indicate it again in the tense of the verb.

Some more examples:-
   Ich schreibe den Brief heute abend
   I will write the letter this evening
   Wir fahren nächstes Jahr nach Spanien
   We will go to Spain next year

● Where the meaning would not otherwise be clear, and in more formal
language, German talks about the future by using **werden** plus the
infinitive at the end of the clause. The forms of **werden** are
   ich   werde
   du   wirst
   er/sie/es   wird
   wir/Sie/sie werden
   ihr   werdet

   e.g.   Ich **werde** etwas Praktisches **machen**
          I shall do something practical
   (because 'Ich mache etwas Praktisches' could mean that (s)he is
   already doing it!)
          Wir werden sehen
          We shall see

● Note that **werden** on its own means *to become* . It is very useful
when talking about career hopes!
          Was möchtest du werden?
          What would you like to be?

● German also uses **werden** plus the infinitive to express likelihood (irrespective of time); the adverb **wohl** is often added:-

e.g.   Das wird sein Bruder sein
  That's probably his brother
  Sie wird wohl schon zu Hause sein
  She's probably at home by now

➡ You now know the uses of **ich will**, **ich möchte**, and **ich werde**. Decide which of them fits the following examples:-

1   Roswitha studiert in Frankfurt. Sie (WOULD LIKE TO) als Beraterin für Umweltprobleme arbeiten
2   Sie (WANTS TO) sich um eine Stelle in Rheinland-Pfalz bewerben
3   Sie (WILL) im September anfangen
4   Stephans Bruder arbeitet als Techniker bei Telekom und (WANTS TO) sein Fachabitur im Herbst machen
5   Er (WOULD LIKE TO) auf die Technische Hochschule in Aachen gehen
6   Er (WILL) im Sommer viel für seine Prüfungen lernen

Wenn du zu Hause bleibst, kommen wir dich besuchen

8.4 Conditions and wishes

Ich würde schon immer etwas Neues finden
Das wäre in unserer zukünftigen Gesellschaft notwendig
Meine Eltern hätten gern   Das wäre gut!
Ich wünschte, ich wäre schon fertig

- A straightforward condition is expressed in German using the present tense after **wenn...**
    Wenn du zu Hause bleibst, kommen wir dich besuchen
    If you stay at home, we shall come and visit you

- But if the speaker is suggesting that something *might* happen, then in most cases the verb form is **ich würde, du würdest** etc. plus the infinitive at the end:-
    Ich **würde** etwas Neues **finden**
    I would find something new (if I went on studying mathematics)

The forms of **ich würde** are:-

> ich würde
> du würdest
> er/sie/es würde
> wir/Sie/sie würden
> ihr würdet

- **Würde** is an example of a *subjunctive* form. Geman has two subjunctive tenses, which are used to describe actions which might take place, and to repeat what someone else has said (see sections 12.2 and 12.3). They are sometimes referred to as present subjunctive and past subjunctive, because they are formed from the present and simple past; but these names are misleading because in modern German, the use of the two tenses has nothing to do with present or past time. **Würde** is an example of subjunctive 2.

● With a small number of short verbs, German uses the subjunctive 2 form of the verb itself in conditional sentences. subjunctive 2 is formed from the simple past, and takes the endings **-e, -est, -e, en -et,** Where the stem vowel is **a, o** or **u,** an Umlaut is added. With **haben,** the simple past is **ich hatte,** so subjunctive 2 is:-

ich **hätte**	wir/Sie/sie **hätten**
du **hättest**	ihr **hättet**
er/sie/es **hätte**	

● The other verbs with which subjunctive 2 is commonly used are:-

sein	ich **wäre**	*I would be*
dürfen	ich **dürfte**	*I would be allowed to*
können	ich **könnte**	*I would be able to*
müssen	ich **müßte**	*I would have to*
sollen	ich **sollte**	*I should*
wollen	ich **wollte**	*I would want to*
bringen	ich **brächte**	*I would bring*
brauchen	ich **brauchte**	*I would need*
gehen	ich **ginge**	*I would go*
kommen	ich **käme**	*I would come*
lassen	ich **ließe**	*I would let*
stehen	ich **stände**	*I would stand*
wissen	ich **wüßte**	*I would know*

e.g.	Das wäre gut!	*That would be good*
	Wenn ich nur wüßte	*If only I knew*
	Das wäre notwendig	*That would be necessary*
	Meine Eltern hätten es gern	*My parents would like that*

● The subjunctive 2 forms **hätte, könnte** and **wäre** are also sometimes used as a form of politeness.

e.g.	**Könntest** du die Tür öffnen?	*Could you open the door?*
	ich **hätte** gern	*I should like*
	das **wäre** alles	*that would be (= is) all*

With **wünschen,** German frequently uses a subjunctive 2 form **ich wünschte** (*I wish, I would wish*) to express the wish itself:-

Ich wünschte, ich wäre schon fertig
I wish I had finished (studying)

➡ A   What would you do if you won a large sum of money? A nice
holiday perhaps? Rewrite the following, saying what you would do.
e.g.   Du fährst nach Griechenland
          Ich würde nach Griechenland fahren
1   Du wohnst in einem schönen Hotel
2   Du liegst in der Sonne
3   Du ißt Moussaka und trinkst Wein
4   Du besuchst eine Insel
5   Du triffst alte Freunde

➡ B   More dreams!   This time, start each sentence with *Ich
wünschte....*
e.g.   viel Geld haben
          Ich wünschte, ich hätte viel Geld
Look back to the list above to see whether you can use a subjunctive 2; if
not, you will need *würde* plus the infinitive.
1   auf Urlaub sein
2   ein schönes Haus haben
3   in der Sonne liegen
4   viel essen und trinken
5   mitfahren können
6   am Strand stehen
7   nie nach Hause fahren müssen

In der Sonne liegen

8.5 Word order for hypothesis

könnte man die Abfälle umweltfreundlich beseitigen

● In written German, it is not always necessary to start a condition or a hypothetical statement with **wenn**..... You can express the same meaning by starting with the verb itself.
  e.g. Hätte er fleißiger studiert, so wäre er heute Ingenieur
  means the same as
      Wenn er fleißiger studiert hätte,.....
      If he had studied more diligently........

Two more examples; in each case the English has to start with *if*, which is expressed in German by the word order:
      Hätte ich das gewußt, wäre ich nicht hingegangen
      If I had known that, I would not have gone
      Könnte man die Abfälle umweltfreundlicher beseitigen, so wäre dies ein großer Fortschritt.
      If one could get rid of the waste in a more environmentally friendly manner, this would be a great step forward.

The second clause in such sentences is frequently introduced by *so* or *dann*, but this is optional, not obligatory.

You will probably not wish to use this sort of construction in your own written German at this stage, but you should be prepared to recognise it and understand it when reading German.

➧   How would you express the following in English?
1   Wäre sie krank, müßte ich allein kommen
2   Hätte ich in der Schule mehr gelernt, könnte ich jetzt studieren
3   Wäre ich so fleißig wie mein Bruder, dann könnte ich Ingenieur sein
4   Hätte ich von der Party gewußt, dann wäre ich mitgekommen
5   Käme er morgen nicht, so müssten wir ohne ihn feiern
6   Wärst du bloß hier, so könnten wir zusammen feiern

9   Being at the receiving end

Bundespost und Telekom

Roswitha, Susan, Stephan und Hans unterhalten sich über die Deutsche Bundespost und Telekom

Susan	Stephan, kannst du mir bitte helfen? Ich will diese Karte an eine Freundin in Frankreich schicken. Wie ist das mit der Postleitzahl?

Stephan   Ganz einfach. <u>Man schreibt ein F</u> vor die   9.6
französische Postleitzahl.

Susan   Und das gleiche bei anderen Ländern?

Stephan   Natürlich. Für Österreich ein A, für die Schweiz CH
und für England GB. Dann <u>wird alles automatisch</u>   9.2
<u>sortiert</u>. <u>Das wurde vor einigen Jahren eingeführt</u>,   9.3
<u>ist</u> inzwischen sehr <u>verbessert worden</u> und <u>läßt</u>   9.3/ 9.5
sich noch weiter <u>verbessern</u>.

Roswitha   Du redest wie eine Werbung für die Deutsche
Bundespost! <u>Du interessierst dich</u> offensichtlich   9.1
sehr für die Post — oder hat dir dein Bruder davon
erzählt?

Stephan   Also, er arbeitet eigentlich nicht mehr bei der
Bundespost, sondern bei Telekom.

Susan   Telekom? Das klingt sehr englisch.

Stephan   Ja, aber <u>es wird mit „K" geschrieben</u>. Vor einigen   9.2
Jahren <u>wurde</u> die alte Bundespost in drei   9.3
selbständige Unternehmen <u>gegliedert</u>; jetzt <u>gibt</u>   9.4
<u>es den Postdienst</u>, die Postbank und Telekom.

Susan   <u>Hat man</u> sie dann auch <u>privatisiert</u>?   9.6

Hans   Nein, nicht wie in England! Alle drei
Teilunternehmen sind immer noch staatlich.

Stephan   Von Telekom kann ich dir viel erzählen. Zum Beispiel
<u>wurden</u> in den ersten drei Monaten nach der Wieder-   9.3
vereinigung 70 000 neue Telefonanschlüsse in den
neuen Bundesländern <u>eingerichtet</u>. Im ganzen Jahr
1991 <u>waren es</u> dann eine halbe Million!   9.4

Susan   <u>Ich bin stark beeindruckt!</u>   9.2

Stephan   Noch mehr Zahlen? In einem Jahr <u>wurden</u> in   9.3
Deutschland 17 Millionen Telegramme <u>aufgegeben</u>!

Susan   Telegramme? <u>Die gibt es</u> bei uns schon lange nicht   9.4
mehr.

Stephan   Ja, bei uns gibt es das noch. In der alten DDR
besonders hatten nur wenige Menschen Telefon
zu Hause. <u>Es wurde viel darüber geschimpft</u>, aber   9.4
<u>es ließ sich</u> nichts machen. Da <u>wurde halt ein</u>   9.5/ 9.3
<u>Telegramm geschickt</u>.

Susan   Und heute noch?

Stephan   Na ja, <u>heutzutage wird viel mehr mit Fax gearbeitet</u>.   9.2
Das ist natürlich noch schneller und einfacher.

17 Millionen Telegramme wurden aufgegeben

9.1 Reflexive verbs

du interessierst dich

- A **reflexive verb** is one in which the subject is doing something to or for him / herself. Examples in English are

    I wash myself

    I buy myself a coat

  German also has reflexive verbs. The accusative is used if the action is done *to* the subject (i.e. if the subject is also the object), and the dative if it is something done *for* the subject (i.e. if something else is the object).

    Ich wasche **mich**

    Ich kaufe **mir** einen Mantel.

  And German sometimes uses a reflexive where English does not.

    Ich interessiere **mich** für Sport   *I am interested in Sport*

    Ich erinnere **mich**   *I remember*

    Ich irre **mich**   *I make a mistake*

- Most of the *reflexive pronouns* are the same as the personal pronouns (Unit 1). The only difference is that **sich** is used for the 3rd person (singular er/sie/es and plural sie) and the formal Sie.

Nom.	Acc. Personal	Acc. Reflexive	Dat. Personal	Dat. Reflexive
ich	mich	mich	mir	mir
du	dich	dich	dir	dir
er	ihn	**sich**	ihm	**sich**
sie *(she)*	sie	**sich**	ihr	**sich**
es	es	**sich**	ihm	**sich**
wir	uns	uns	uns	uns
sie *(they)*	sie	**sich**	ihnen	**sich**
Sie	Sie	**sich**	Ihnen	**sich**
ihr	euch	euch	euch	euch

    e.g.   ich erinnere mich   *I remember*

           du erinnerst dich   *you remember*

           er erinnert sich   *he remembers*

           Sie erinnern sich   *you remember*

● In the plural, the reflexive pronouns can also indicate *reciprocal* action, corresponding to the English *each other.*

Wir kennen uns   *We know each other*
Sie treffen sich   *They meet (each other)*

➡ **A** Insert the correct reflexive pronouns in the following sentences:-

1 Susan interessiert ___ sehr für das deutsche Leben und die deutsche Kultur
2 Ich setzte ___ auf den Stuhl
3 Der Arbeiter freut ___ auf den Feierabend
4 Die Firma nennt ___ arbeiterfreundlich
5 Wie lange kennt ihr ___ ?
6 Wir kennen ___ schon lange
7 Die Großmutter in Alzey erinnert ___ an die Tage kurz nach dem Krieg
8 Stephan beklagt ___ über die Arbeitslosigkeit in den neuen Bundesländern
9 Ich kaufe ___ eine neue Jacke
10 Hast du ___ schon die Zähne geputzt?

➡ **B** The following description of Stephan's first months in Frankfurt contains several reflexive verbs:-

sich sehnen   *to long for*
sich wohlfühlen   *to feel well*
sich einstellen auf   *to adjust to*
sich freuen auf   *to look forward to*
sich (etwas) vorstellen *to imagine*

Insert the correct pronoun in each case:-
Stephan wohnt seit fünf Monaten in Frankfurt. Er fühlt ___ (1) sehr wohl, aber trotzdem sehnt er ___ (2) manchmal nach der alten Helmat. Seinen Freunden erklärt er das so: »Wir haben ___(3) schon auf mehr Freiheit eingestellt, wir haben ___ (4) sehr auf das wiedervereinigte Deutschland gefreut, aber wir haben ___ (5) die Wende nicht so kraß vorgestellt.

9.2 The passive — present tense

Da wird alles automatisch sortiert
Es wird mit „K" geschrieben
Heutzutage wird viel mehr mit Fax gearbeitet
Ich bin stark beeindruckt

● When you are talking about an action, and are more interested in what is being done than in who is doing it, you will tend to use what is known as **the passive**. In English this is formed from the verb *to be* and the past participle:-

> *The post is sorted automatically*
> *It is written with a 'K'*

German forms the same construction but with the verb **werden**. The past participle goes to the end of the clause:-

> Die Post **wird** automatisch **sortiert**
> Es **wird** mit „K" **geschrieben**

Some further examples:

> Ich **werde** für diese Arbeit **bezahlt**
> *I am getting paid for this work*
> Wir **werden** nicht **gefragt**
> *We are not being asked*

● You can only form the passive from a verb which normally takes an accusative object. This object becomes the subject of the new sentence.

> Ich sortiere die Briefe   *I sort the letters*
> Die Briefe werden sortiert   *The letters are sorted*

English can make a passive from an indirect object

> *She gives him a shirt*
> *He is given a shirt*

although in the first sentence, *shirt* is the direct object. German cannot do this; the indirect object has to remain in the dative:-

> Sie gibt ihm ein Hemd
> Ihm wird ein Hemd gegeben

and the latter is so clumsy that you wouldn't use it!

● Only if you are describing a *state* rather than an *action* can you use
sein plus the past participle.

Ich bin beeindruckt	*I am impressed*

Compare

Die Bank ist geschlossen	*The bank is closed*
Die Bank wird geschlossen	*The bank is being closed (down)*

This creates difficulties for English-speaking learners who tend to
use **sein** where it should be **werden**. In fact, in most cases, the verb
you want will be **werden**!

➡ **A**   The following sentences describe different actions. Turn them
round to passive forms, omitting the subject.

e.g. Ich bestelle die Karte	Die Karte wird bestellt

1   Die Deutschen trinken viel Bier
2   Mein Vater liest die Zeitung
3   Ich nähe den Rock
4   Wir mieten ein Auto
5   Die Sekretärin reserviert das Hotelzimmer
6   Sie schickt auch ein Telegramm

➡ **B**   The following is an account of a letter's journey from writer to
reader. Rewrite each sentence stressing the action rather than the doer,
i.e. again using the passive.

e.g.   Ich schreibe den Brief
       Der Brief wird geschrieben

1   Ich schreibe die Adresse auf den Umschlag
2   Auf die Rückseite schreibe ich den Absender
3   Ich stecke den Brief in den Umschlag
4   Mein Bruder trägt ihn zum Briefkasten
5   Er steckt ihn in den Briefkasten
6   Der Postbote holt alle Briefe vom Briefkasten ab
7   Er fährt sie zur Post
8   Dort sortiert man die Briefe automatisch
9   Die Post schickt die Briefe an den Zustellungsort
10   Der Briefträger stellt sie aus
11   Mein Freund holt meinen Brief aus dem Briefkasten
12   Er liest den Brief und schreibt eine Antwort

9.3 The passive — past tenses

Das wurde vor einigen Jahren eingeführt
Die Bundespost wurde in drei gegliedert
17 Millionen Telegramme wurden aufgegeben
70 000 Telefonanschlüsse wurden eingerichtet
Da wurde ein Telegramm geschickt
Das ist inzwischen verbessert worden

● The simple past form of *werden* is **wurde.** So the simple past form
of the passive is
ich **wurde** bezahlt
es **wurde** geschickt   etc.

This form is very common in accounts of past events

e.g. Es wurde vor einigen Jahren eingeführt
It was introduced some years ago

Die Bundespost wurde in drei gegliedert
The Federal Post was divided into three

Das Rathaus wurde 1887 gebaut
The Town Hall was built in 1887

● Be careful not to confuse **wurde** and **würde.** The form with Umlaut
means *would* and is dealt with in section 8.4.

● The perfect passive form is composed of **sein.......worden**
e.g. Es ist geplant worden
It has been planned
Note that the participle is **worden** rather than **geworden**; the latter
is only used when the verb **werden** is used in its own right as in
Es ist kühler geworden
It has become cooler
The perfect passive is seldom used! But you may meet it
occasionally.

● Sometimes a passive is used even when the speaker wishes to indicate the doer of the action. English uses *by;* German uses **von** for the person doing the action, and **durch** for the means by which it is done.

Das Haus wurde von meinem Großvater gekauft
The house was bought by my grandfather

Das Haus wurde durch ein Unwetter zerstört
The house was damaged by a storm

Any object with which the action is done is introduced by **mit** as in English:-

Das Glas wurde mit Bier gefüllt
The glass was filled with beer

➠ **A**   Relate the following events from post-war German history in the past tense
e.g.   7. Oktober 1949   Gründung der DDR
            Am 7. Oktober 1949 wurde die DDR gegründet
1   26. Mai 1952   Abriegelung der Grenze BRD-DDR
2   24. Juli 1952   Auflösung der fünf Länder in der DDR
3   13. August 1961   Bau der Berliner Mauer
4   2. Mai 1989   Beginn des Abbaus der Grenze
                                Ungarn-Österreich
5   9. November 1989 Öffnung der Grenzen in Deutschland
6   1. Juli 1990   Einführung der D-Mark in der DDR
7   3. Oktober 1990   Wiedervereinigung Deutschlands

➠ **B**   The following is a list of things which politicians promised to do after reunification. Say that each of them was, in fact, done gradually.
e.g.   Wir werden die Straßen reparieren
            Die Straßen wurden allmählich repariert
1   Wir werden neue Telefonanschlüsse schaffen
2   Wir werden die Arbeitslosen wieder einstellen
3   Wir werden die Häuser reparieren
4   Wir werden die staatlichen Firmen privatisieren
5   Wir werden die Lehrer umschulen
6   Wir werden die Renten erhöhen
7   Wir werden die Arbeitszeit angleichen

➡ **C** The old grandmother in Alzey tells Susan more about German wines. Insert into her narrative the correct form of *werden* (present or past) and the verbs from the following list, which are given in the correct sequence:-

1 anbauen; 2 bearbeiten; 3 zerstören; 4 anbauen; 5 abfüllen;
6 exportieren; 7 trinken; 8 auszeichnen; 9 verkaufen; 10 produzieren

In Deutschland ___ Wein nur in bestimmten Gegenden ___ (1). Früher ___ Weinberge auch entlang der Lahn und weiter nördlich ___ (2). Viele dieser Weinberge ___ im Dreißigjährigen Krieg ___ (3). Es gibt in vielen Orten noch Felder, die „Im Weingarten" heißen. Dort ___ früher Wein ___ (4). Hier in Rheinland-Pfalz ___ sehr viel Wein ___ (5). Er ___ auch ___ (6). In Deutschland ___ mehr Bier als Wein ___ (7), aber bei uns ist das anders. In unserem Haus trinkt man Wein. Einer unserer Weine ___ bei der letzten Weinprobe ___ (8). Er ___ nun als Kabinettwein ___ (9). Eiswein ___ bei uns nicht ___ (10).

➡ **D** *Von, durch* or *mit*? Complete the gaps in the following sentences, and put the article into the correct case as appropriate.
1   Das Kleid wurde ___ (mein) Mutter genäht
2   Das Kleid wurde ___ (die) Maschine genäht
3   Während des Essens wurde Susans Kleid ___ Soße begossen
4   Der Bundeskanzler wurde in den neuen Bundesländern ___ Tomaten beworfen
5   Die Telefonleitungen wurden ___ Telekom gelegt

Meine Mutter näht das Kleid

9.4 Uses of the impersonal *es*

Jetzt gibt es Postdienst, Postbank und Telekom
Die gibt es bei uns nicht mehr
Im ganzen Jahr waren es eine halbe Million
Es wurde viel darüber geschimpft

● The passive can be used to express an action in general, with no indication of who in particular is involved. The subject is an impersonal *es* .

e.g. Es wird viel gesungen und getanzt
There is a lot of singing and dancing

Es wurde viel darüber geschimpft
There were a lot of complaints about it

If the sentence starts with something other than the impersonal *es,* this is omitted altogether:-

Auf den Straßen wird viel gesungen und getanzt
In der alten DDR wurde viel darüber geschimpft

● There are other uses of the impersonal *es.* In particular, it is used with a small number of verbs where the subject is unspecific:-

es regnet	*it is raining*
es schneit	*it is snowing*
es zieht	*there's a draught*
es tut mir leid	*I am sorry*
es freut mich	*I am pleased*
es geht mir gut	*I am well*

● The impersonal *es* is used with **sein** and **werden**. In the singular, this corresponds to English usage so creates no problems:-

es ist der Briefträger	*it's the postman*
es wird spät	*it's getting late*

But it can also be used in German with a plural verb:-

es sind Freunde von mir	*they are friends of mine*
es waren eine halbe Million	*there were half a million*

● The form **es gibt** with past **es gab**　is another way of expressing the English *there is/are* and *there was/were* :-
　　Es gibt den Postdienst, die Postbank und Telekom
　　There is the postal service, the post office bank and Telecom
　　Die gibt es bei uns nicht mehr
　　We don't have them any more

Note particularly
a)　*es gibt* is followed by　the accusative
b)　Where a specific place is mentioned, German uses *es ist / es sind* rather than *es gibt / es gab.*
　　Es waren viele Leute im Postamt
　　There were a lot of people in the Post Office

➡ **A**　The following expressions all include or imply *es*. How would you express them in English?
1　Es wurde bis Mitternacht getanzt
2　In England wird es nicht so gemacht
3　Jetzt wird geschlafen
4　Morgen gibt es Eintopf
5　Es waren viele Menschen auf der Straße

➡ **B**　In the following daily working routine, some of the events can be converted into straightforward passives, because there is an object which can become the new subject.
e.g.　Ich esse mein Frühstück　　Das Frühstück wird gegessen
but others do not have a subject, so you will need an impersonal construction
e.g.　Ich stehe um 7 Uhr auf　　Um 7 Uhr wird aufgestanden
1　Um 7 Uhr stehe ich auf
2　Ich esse mein Frühstück
3　Ich fahre zur Arbeit
4　Ich lese die Post
5　Ich diktiere die Briefe
6　Um 12 Uhr mache ich Mittagspause
7　Ich gehe in ein Restaurant
8　Ich esse gut
9　Ich schreibe einen Bericht
10　Ich gehe nach Hause

9.5 Use of *lassen*

Es läßt sich noch weiter verbessern
Es ließ sich nichts machen

● **Lassen** has three main areas of meaning. Firstly, it can mean *to leave* or *to leave behind* :-
  Ich habe mein Auto auf dem Parkplatz gelassen
  I have left my car in the car park
  In this context, it can form some frequently-used compounds, e.g. **liegenlassen**, **stehenlassen** and **fallenlassen**. In these, and when used with other verbs (see below), the past participle is formed without the prefix *ge-*
  Ich habe meine Schlüssel liegenlassen
  I have left my keys lying about
  Ich habe den Kaffee stehenlassen
  I left the coffee standing
  Ich habe die Vase fallenlassen
  I dropped the vase

● **Lassen** is also used with other verbs to mean *let* or *allow* .
  Laß mich mal sehen!   *Let me have a look*
  Er läßt seinen Hund immer bellen   *He always lets his dog bark*

  Frequently, it is used with a reflexive pronoun to imply that something can be done:-
  Das läßt sich schnell machen   *That can soon be done*
  Es läßt sich noch weiter verbessern *It can be further improved*
  Es ließ sich nichts machen   *Nothing could be done*

  Note that although English uses a passive here, German keeps to the infinitive for the second verb.

● Finally, **lassen** can be used to mean *to make someone else do something,* or *to have something done.* Here again, the second verb is in the infinitive whereas English uses a passive:-
  Ich lasse das Auto reparieren   *I am having the car repaired*
  Ich lasse mir die Haare schneiden *I am having my hair cut*

➥ **A**   The following statements indicate who can do various jobs. Use
lassen to say that you will have them done,
e.g.   Der Schuster kann die Schuhe reparieren
        Ich lasse den Schuster die Schuhe reparieren
1   Der Automechaniker kann mein Auto reparieren
2   Der Elektriker kann unseren Toaster reparieren
3   Meine Schwester kann meinen Computer reparieren
4   Die Sekretärin kann den Brief schreiben
5   Der Maler kann das Zimmer tapezieren
6   Meine Mutter kann das Kleid nähen
7   Der Friseur kann die Haare schneiden
8   Mein Sohn kann das Essen machen
9   Die Spülmaschine kann das Geschirr abwaschen
10   Der Gärtner kann den Rasen mähen
11   Der Klempner kann die Wasserleitung reparieren

➥ **B**   How would you express the following in English?
1   Er hat mich warten lassen
2   Das läßt sich nicht leugnen
3   Laß mich allein!
4   Der Chef hat den Abteilungsleiter kommen lassen
5   Das lasse ich mir nicht gefallen
6   Ich lasse es mir sofort bringen

Der Gärtner kann den Rasen mähen

9.6 Alternatives to the passive

Man schreibt ein F vor die Postleitzahl
Hat man sie auch privatisiert?

● German has a number of alternative constructions which are frequently used where English prefers a passive. The most important of these involves the word **man**, which translates literally as *one* but has none of the upper-class overtones of the English word. It is impersonal and should not be confused with **der Mann** (*the man*).
Man schreibt ein F vor die Postleitzahl
An F is written in front of the postcode
(or: *You write an F in front of the postcode*)

Hat man sie auch privatisiert?
Have they also been privatised?

● Because the German object may precede the verb, this too can be used where English would naturally adopt a passive:-
Diesen Titel gibt der Verlag Bertelsmann heraus
This title is published by Bertelsmann Verlag

● The verb **sein** followed by **zu** and the infinitive also has a passive meaning
Dieser Text ist bis morgen zu übersetzen
This text is to be translated by tomorrow

Es war niemand zu sehen
Nobody was to be seen

➡ Express the following more simply using *man* :-
1 Die Post wird automatisch sortiert
2 Hier darf nicht geraucht werden
3 Die Firma wurde verstaatlicht
4 Die Post wurde in drei gegliedert
5 Das System ist verbessert worden
6 70 000 neue Telefonanschlüsse wurden eingerichtet

10 Descriptions

Im Jugendmodehaus

Susan, Carla und Roswitha gehen ins Jugendmodehaus
auf der <u>Frankfurter</u> Zeil einkaufen.   10.2

Carla	Diese weiße <u>Bluse</u> <u>steht dir</u> aber wirklich <u>gut</u>.	10.2/ 10.5
	Sie paßt dir <u>am besten</u> von all den vielen Sachen,	10.6
	die du anprobiert hast. Schade, daß ich nicht so	
	<u>schlank</u> bin wie du, sonst würde ich sie auch mal	10.1
	anprobieren.	
Susan	<u>Der braune Rock</u> paßt dir aber wie angegossen.	10.2
	Der macht eine gute Figur. Und so <u>ein schöner</u>	10.3
	<u>Schnitt</u>. Vielleicht <u>etwas zu lang</u>. In England tragen	10.1
	wir die Röcke im Moment <u>etwas kürzer</u>.	10.6
Carla	Stimmt. <u>Kurze Röcke</u> trage ich auch gern. Aber das	10.3
	ist <u>kein großes Problem</u>, ich kann ihn selbst kürzen.	10.3
	Aber sieh mal auf <u>das dumme Preisschild</u>! Das wäre	10.2
	<u>das teuerste Kleidungsstück</u>, das ich mir je gekauft	10.6
	habe.	
Roswitha	Der Rock ist <u>ehrlich</u> Klasse. Der steht dir richtig gut.	10.5
	Den würde ich nehmen.	
Carla	Und bezahlen? Dann hätte ich <u>keinen einzigen</u>	10.2
	<u>Pfennig</u> für den Rest des Monats.	
Roswitha	Carla, <u>die ewig Jammernde</u>. Frag doch mal <u>deine</u>	10.7/ 10.2
	<u>liebe Mutter</u>! Für <u>etwas Elegantes</u> legt <u>die Gute</u>	10.7
	bestimmt <u>ein kleines Sümmchen</u> dazu.	10.3

Carla	Du hast gut reden. Wir müssen uns beeilen. Wir wollten doch Hans treffen. Er braucht <u>neue Schuhe</u>. Wir wollten ihn um drei im Schuhgeschäft treffen. Jetzt müssen wir schnell machen, sonst wird er <u>böse</u>. Ich nehme <u>den braunen Rock</u> und laufe schon rasch vor.	10.3 10.1/10.2
Roswitha	Ich wollte auch noch <u>schnell</u> zum Jeans Palast <u>gehen</u>. Vielleicht brauche ich auch nichts. Ich bin ja auch mal wieder <u>vollkommen pleite</u>.	10.5 10.5
Susan	Was hältst du <u>von der weißen Bluse</u> hier?	10.2
Roswitha	Oh, ich weiß nicht so ganz. <u>So schön</u> wie Carlas Rock ist sie nicht. Aber <u>sündhaft teuer</u>, meinst du nicht?	10.1 10.5
Susan	Das glaube ich auch, dann nehme ich sie nicht. Carla wird mich wohl „die sparende Susan" nennen, aber die Bluse ist <u>nicht besonders schön</u> und <u>sehr, sehr teuer</u>.	10.4 10.1/ 10.5 10.1/ 10.5
Roswitha	Soll ich dir schnell <u>ein aufmunterndes Eis</u> kaufen, so als Trost? Aber wir müssen uns beeilen. Carla und Hans warten <u>bestimmt</u> schon auf uns, und Hans ist nicht gerade <u>der Geduldigste</u>.	10.4 10.5 10.7

Kurze Röcke trage ich gern

10.1 Free-standing adjectives

daß ich nicht so schlank bin   sonst wird er böse
so schön ist sie nicht   nicht besonders schön
sehr, sehr teuer

● An *adjective* is a word which gives further information about a noun. Adjectives are used to indicate size, colour, temperature, mood etc. Examples of adjectives in English are *big, red, hot, angry* .

● Adjectives may be either free-standing or linked to the noun. For example, in English we can say
        The blouse is *white*
or   The *white* blouse suits you
In the first sentence, the adjective is free-standing; in the second it is linked to the noun, it forms part of a *noun phrase* .

● In German, free-standing adjectives do not require any endings.

Some examples from our dialogue:-
        Sonst wird er **böse**
        Otherwise he will get angry

        Die Bluse ist nicht besonders **schön**, aber sehr **teuer**
        The blouse is not particularly nice, but very expensive

        So **schön** ist sie nicht
        It is not that nice

        Schade, daß ich nicht so **schlank** bin
        A pity that I am not so slim.

➡ **A**   Find the opposites of the following adjectives:-

1	kalt	6	neu
2	ruhig	7	interessant
3	groß	8	modern
4	intelligent	9	schnell
5	traurig	10	teuer

➡ **B**   Find an appropriate adjective to fit the following sentences:-
1   In Deutschland sind die Briefkästen _____
2   Die Bluse kostet 250 DM. Das ist sehr _____
3   Neue Schuhe sind oft _____
4   Das Haus ist sehr _____; es stammt aus dem 15. Jahrhundert
5   Ältere Menschen finden Popmusik zu _____
6   Als Stephan nach Frankfurt kam, war ihm das Leben in Westen
    sehr _____

10.2 Adjectives used with weak endings

diese weiße Bluse   der braune Rock   den braunen Rock
das dumme Preisschild   keinen einzigen Pfennig
deine liebe Mutter   auf der Frankfurter Zeil
von der weißen Bluse

● Where an adjective in German is used as part of a noun phrase, it will
take an ending. Provided that *some other element* in the phrase, i.e.
either the determiner or the noun itself, *has an ending which
indicates case and singular / plural*, the adjective will end in

    -e   **in the nominative singular**
    -en   **elsewhere (i.e. masculine singular accusa-**
           tive and all datives, genitives and plurals)

(For adjectives where no other element indicates case and number,
and for a comparative chart, see section 10.3)

In the following examples, the case/number marker is underlined and
the adjective ending is in bold.

de<u>r</u> braun**e** Rock	*the brown skirt*
da<u>s</u> dumm**e** Preisschild	*the silly price ticket*
dein<u>e</u> lieb**e** Mutter	*your dear mother*
dies<u>e</u> weiß**e** Bluse	*this white blouse*
ich kaufe de<u>n</u> braun**en** Rock	*I'll buy the brown skirt*
	(acc)
ich habe kein<u>en</u> einzig**en**	*I haven't a single Pfennig*
Pfennig	(acc)
von de<u>r</u> weiß**en** Bluse	*of the white blouse* (dat)

Some further examples

mit de<u>m</u> nächst**en** Zug	*with the next train* (dat)
d<u>ie</u> best**en** Studenten	*the best students* (pl)
mein<u>e</u> neu**en** Schuhe	*my new shoes* (pl)
de<u>s</u> neu**en** Chef<u>s</u>	*of the new boss* (gen)
eine Flasche gut**en** Wein<u>s</u>	*a bottle of good wine* (gen)

● A small number of adjectives do not take any ending:-

a) Adjectives ending in **-er** derived from town names
    die Frankfurter Zeil   *the Zeil (street) in Frankfurt*
    die Berliner Mauer   *the Berlin Wall*
    The only country name which can take an *-er* ending is *die Schweiz*, from which you have an adjective *Schweizer* written with a capital letter and without endings, e.g. *Schweizer Käse.* There is also a less common adjective *schweizerisch*, which does take endings.

b) Adjectives ending in **-er** derived from numerals
    die achtziger Jahre   *the eighties*

c) Names of colours imported from other languages and ending in a vowel, e.g. lila *lilac* orange *orange*
    die lila Jacke   *the lilac jacket*
    But there are alternatives in -farben or -farbig (*-coloured*) which do take endings and are frequently used
    das orangefarbene Kleid *the orange-coloured dress*

➡ In the following examples, decide whether the adjective will end in -e, er or -en or whether it will have no ending at all.

1   Der (kalt) Krieg dauerte von 1945 bis 1989
2   Ich kaufe diesen (rot) Mantel
3   Ich fahre gern mit der (London) U-Bahn
4   Die (alt) Dame ist sehr (nett)
5   Sie ist die Schwester meiner (alt) Deutschlehrerin
6   Die (groß) Gläser sind für Bier, nicht für Wein!
7   Das (neu) Rathaus wurde 1890 gebaut
8   Im (alt) Rathaus ist jetzt ein Museum
9   Meine (neu) Freundin kommt aus Manchester
10 Ich gehe mit meiner (neu) Freundin ins Kino

10.3 Adjectives with strong endings

ein schöner Schnitt   kein großes Problem
ein kleines Sümmchen   neue Schuhe   kurze Röcke

● Where the adjective forms part of a noun phrase and there is no other case or number marker, the adjective itself has to show both case and number. The endings are the same as those of **dieser**.

	Masculine	Neuter	Feminine	Plural
Nominative	dies**er**	dies**es**	dies**e**	dies**e**
Accusative	dies**en**			
Dative	dies**em**	dies**em**	dies**er**	dies**en**
Genitive	dies**es**	dies**es**	dies**er**	dies**er**

This situation occurs:-
a)   where there is no determiner, and
b)   where the determiner has no ending (see sections 3.1 and 3.2). This applies in the nominative singular masculine and neuter of **ein, kein, mein, sein, ihr, unser, euer** and **Ihr**. Note that in **unser** and **euer**, the **-er** is not an ending, it is part of the stem!

● The following examples from our dialogue illustrate the point. The adjective endings are in bold type and underlined:-

neu**e** Schuhe   new shoes
kurz**e** Röcke   short skirts
ein schön**er** Schnitt   a nice cut
kein groß**es** Problem   not a big problem
ein klein**es** Sümmchen   a small sum

The following sets of examples illustrate the basic rule:-
**If nothing else has a marker showing
number and case, the adjective will.**   (strong endings)
**If anything else has a marker showing
number and case, the adjective ends
in -e (nom sing) or -en (elsewhere)**   (weak endings)

gut**er** Wein	*good wine*
ein gut**er** Wein	*a good wine*
d**er** gute Wein	*the good wine*

mit gut**em** Wein	*with good wine*
mit ein**em** gut**en** Wein	*with a good wine*
mit d**em** gut**en** Wein	*with the good wine*

● The following points may be noted:-

a) In the masculine and neuter genitive singular, the noun itself takes an **-s** marker; consequently none is needed on the adjective even if there is no determiner.
> e.g. gut**en** Wein**s** (weak ending because the s is already there on the noun)

Similarly in the dative plural, the noun itself takes the **-n** marker
> e.g. mit schön**en** Kleider**n** (Weak ending because the -n is already there on the noun)

though in this case the strong ending would be *-en* anyway!

b) The adjectives **viel** *(much)* and **wenig** *(little)* are mostly used without endings in the singular, but with strong endings in the plural.
> e.g. viel Musik   *a lot of music*
> wenige Menschen   *few people*
> viel Geld   *a lot of money*

Less frequently, they follow another determiner in which case they take weak endings
> das viele Geld   *the large amount of money*

c) In the plural, **alle** and **sämtliche** (both meaning *all*) are regarded as ordinary determiners and are followed by weak endings. But numbers are not determiners; they are followed by strong endings.
> e.g. alle billig**en** Kleider
> vier billig**e** Kleider

d) With adjectives which only partially 'determine' which nouns you are talking about, Germans are sometimes unsure which endings to use:-

> After **einige** (*some*), **viele** (*many*), **mehrere** (*several*) and **wenige** (*few*), strong endings are the rule, and this is usually the case after **manche** (*some*).

> After **solche** (*such*) and **beide** (*both*), weak endings are more frequent.

➡ In the following statements overheard in the Jugendmodehaus, decide whether or not the adjective needs to show the marker or whether it is shown elsewhere. Then supply the appropriate ending.

1 Diesen (schick) Rock kann ich Ihnen sehr empfehlen
2 Die (schwarz) Bluse paßt sehr gut zu dem (rot) Rock
3 Ich suche eine (schwarz) Jacke
4 Ich suche ein (weiß) Hemd
5 Das ist ein sehr (elegant) Stück
6 Zu dieser (schön) Bluse kann ich Ihnen auch einen (modisch) Rock empfehlen
7 (Elegant) Kleider sind schwer zu finden
8 Kaufst du dieses (schön) Kleid? Ja, ich brauche ein (neu) Kleid
9 Zu meiner (schön) Bluse trage ich einen (neu) Rock und eine (golden) Kette
10 Zu der (schwarz) Hose trage ich einen (los) Pulli und einen (breit) Gürtel

Reiche Leute haben viel Geld

Reference table: Adjective endings

	Marker elsewhere Weak endings in -e or -en	No other marker Strong endings
Nominative		
Masculine	d**er** gut **e** Stoff	gut **er** Stoff ein gut **er** Stoff
Neuter	d**as** echt **e** Leder	echt **es** Leder ein echt **es** Leder
Feminine	d**ie** rein **e** Wolle ein**e** rein **e** Wolle	rein **e** Wolle
Plural	d**ie** schön **en** Kleider mein**e** schön **en** Kleider	schön **e** Kleider
Accusative		
Masculine	d**en** gut **en** Stoff ein**en** gut **en** Stoff	gut **en** Stoff

Determiners with no ending in the nominative singular
(masculine and neuter):
ein mein dein sein   kein ihr Ihr   unser euer

	Weak endings		Strong endings	
Dative				
Masculine	dem gut **en**	Stoff	gut **em**	Stoff
	ein**em** gut **en**	Stoff		
Neuter	dem echt **en**	Leder	echt **em**	Leder
	ein**em** echt **en**	Leder		
Feminine	der rein **en**	Wolle	rein **er**	Wolle
	ein**er** rein **en**	Wolle		
Plural	den schön **en**	Kleidern		
	mein**en** schön **en**	Kleidern		
	schön **en**	Kleidern		
Genitive				
Masculine	des gut **en**	Stoffs		
	ein**es** gut **en**	Stoffs		
	gut **en**	Stoffs		
Neuter	des echt **en**	Leders		
	ein**es** echt **en**	Leders		
	echt **en**	Leders		
Feminine	der rein **en**	Wolle	rein **er**	Wolle
	ein**er** rein **en**	Wolle		
Plural	der schön **en**	Kleider	schön **er**	Kleider
	mein**er** schön **en**	Kleider		

10.4 Participles as adjectives

die sparende Susan   ein aufmunterndes Eis

● We have already encountered the *past participle* in Units 7 and 9. It can also be used as an adjective, in which case it will take the same endings as any other adjective:-

der verloren**e** Koffer   *the lost suitcase*
ein verloren**er** Koffer   *a lost suitcase.*

Some past participles have taken on a meaning of their own as adjectives which differs from the original verb. These include:-

ausgezeichnet   *excellent*
bekannt   *famous*
verrückt   *mad*

● The *present participle* corresponds to the English form ending in *-ing* and consists of the infinitive with an additional **-d**. So from *singen*, the present participle is **singend**

ein singender Polizist   *a singing policeman*

Examples from our dialogue:-

die sparende Susan   *Susan the saver*
ein aufmunterndes Eis   *an ice-cream to cheer us up*

Among present participles with their own meaning are:-

abwesend   *absent*
dringend   *urgent*
spannend   *exciting*
umfassend   *comprehensive*

● Where the present participle has developed its own meaning, it can be used after the verb *sein*

e.g. der Film war spannend   *the film was exciting*

Ordinary present participles cannot be used in this way. Remember that (as pointed out in section 1.2) the only way of translating *he is singing* into German is **er singt** !

● Especially in written German, it is possible to use the participles as the basis for a long phrase; the words dependent on the participle precede it. These phrases are often difficult to translate into English.

    e.g. ein mehrere Seiten umfassendes Buch
          a book comprising several pages

          das bis an den Rand gefüllte Glas
          the glass filled to the brim

➡ Fit the past or present participles of the following verbs into the sentences so as to make sense:-
strahlen spielen umfassen stehlen kochen führen
1   Im Goethehaus in Weimar ist die 5000 Bücher _____ Bibliothek des Dichters
2   Ein _____ Kind sollte man in Ruhe lassen
3   Zum Frühstück esse ich gerne ein _____ Ei
4   Weimar spielte jahrhundertelang eine _____ Rolle in der deutschen Kultur
5   Die Polizei sucht ein _____ Auto.
6   Roswitha kommt _____ mit ihrem neuen Rock aus dem Geschäft

Ein aufmunterndes Eis

10.5 Adverbs

---

schnell gehen   sündhaft teuer   ehrlich Klasse
vollkommen pleite   steht dir gut   besonders schön
sehr, sehr teuer   sie warten bestimmt

● *Adverbs* are used to expand the meaning of a verb, or of an adjective, or the sentence as a whole. They indicate place, time, manner etc.

In English, adverbs normally end in *-ly*, e.g. *quickly, slowly, politely.* German uses no such suffix; virtually any adjective in German can also be used as an adverb.

e.g.   die Bluse steht dir **gut**   *the blouse suits you well*
       der Rock ist **ehrlich** Klasse   *the skirt is really great*
       ich gehe **schnell** zum   *I am just popping into the*
          Jeans Palast   *Jeans Palast*
       sündhaft teuer   *sinfully expensive*
       vollkommen pleite   *completely broke*

● There are also adverbs in German which can only be used as such and not as adjectives. For example, **sehr** meaning *very.*
       sehr, sehr teuer   *very, very expensive*

Others have slightly different forms, e.g. **besonders** (*specially*), where the adjective is *besondere.*
       nicht **besonders** schön   *not particularly beautiful*

Frequently, a German adverb will express an idea for which English would use another construction. Among the most important are:-
       sie warten **bestimmt**   *they are sure to be waiting*
       ich trinke **gern** Tee   *I like drinking tea*
       ich trinke **lieber** Kaffee   *I prefer drinking coffee*
       du kannst **ruhig** hierbleiben   *you're welcome to stay*
       sie aß **weiter**   *she went on eating*

● Two suffixes which German does use to form adverbs are **-weise** and **-maßen**.

   e.g.   beispielsweise   *for example*
          möglicherweise   *possibly*
          einigermaßen   *to some extent*

➡ Find suitable adverbs for the following sentences:-

1 Carla spielt _____ Klavier
2 Deutsche Autofahrer fahren _____ viel zu _____
3 Viele Deutschen essen _____Schwarzwälder Kirschtorte
4 Wie haben noch Zeit. Lesen Sie _____ _____!
5 Das Kleid sieht _____ gut aus

Vollkommen pleite

10.6 Comparatives and superlatives

am besten   etwas kürzer   das teuerste Kleidungsstück

● In English we can say that something is *bigger* or *the biggest* . These forms are known respectively as the **comparative** and **superlative** forms.

German also forms comparatives with **-er** and superlatives with **-st** or **-est**. Unlike English, German can do this with any adjective. English has adjectives such as *interesting*, where we cannot just add *-er*, we have to say *more interesting* and *most interesting*. In German it is simply **interessanter** and **der/die/das interessanteste**.

Examples from the dialogue:-
        etwas **kürzer**   *a bit shorter*
        das **teuerste** Kleidungsstück *the most expensive item*

● Where comparatives and superlatives are used as part of a noun phrase, they take the same endings as any other adjectives.
        ein billiger**es** Hemd   *a cheaper shirt*
        das billigst**e** Hemd   *the cheapest shirt*

However, they are frequently used as adverbs or in a free-standing position. With the comparative, this makes things easier because there are no endings to worry about.
        Dieses Hemd ist billig**er**   *This shirt is cheaper*
But when superlatives are free-standing or used as adverbs, German uses the form **am.....-sten**
        Dieses Hemd ist **am** billig**sten** *This shirt is the cheapest*

● Short adjectives often add an Umlaut in the comparative and superlative forms, e.g.

alt *(old)*	älter	am ältesten
jung *(young)*	jünger	am jüngsten
lang *(long)*	länger	am längsten
kurz *(short)*	kürzer	am kürzesten
warm *(hot, warm)*	wärmer	am wärmsten
kalt *(cold)*	kälter	am kältesten
groß *(big)*	größer	am größten

There are also some very important irregular forms:-

gern *(gladly)*	lieber	am liebsten
gut *(gut)*	besser	am besten
hoch *(high)*	höher	am höchsten
nah *(near)*	näher	am nächsten
viel *(much)*	mehr	am meisten

● In comparisons, the German equivalent for *than* is **als**
Der Rhein ist länger als die Themse
The Rhine is longer than the Thames

● To express *...of all* , German puts **aller...** before the superlative:-
am allerbesten   *best of all*
der allerhöchste Berg   *the highest mountain of all*

➡ The following lists are all given in increasing values. Make sentences using the information in brackets.
e.g. (teuer)   Bier—Wein—Sekt
Wein ist teurer als Bier, aber Sekt ist am teuersten

1	(schnell)	Straßenbahn—Auto—Zug
2	(gut)	Popmusik—Jazz—klassische Musik
3	(fleißig)	ich—Praktikant—Chef
4	(hoch)	Westerwald—Alpen—Himalayas
5	(alt)	Hans—Elfriede—Oma
6	(jung)	Oma—Elfriede—Hans
7	(warm)	Winter—Frühjahr—Sommer
8	(kurz)	eine Stunde—eine Minute—eine Sekunde
9	(alt)	der Islam—das Christentum—der Judaismus
10	(lang schlafen)	Roswitha—Hans—Stephan
11	(gut schmecken)	Käse—Wurst—Kuchen
12	(umweltfreundlich)	mit dem Auto—mit dem Zug—zu Fuß gehen

10.7 Adjectives as nouns

die Gute   der Geduldigste   etwas Elegantes
Carla, die ewig Jammernde

- Adjectives can also be used as nouns. For example, **die Gute** *the good lady,* **der Fremde** *the stranger.* They are written with a capital letter because they are nouns, but keep the adjective endings because they are adjectives!

der/die Fremd**e**	*the stranger (m. or f.)*
ein Fremd**er**	*à stranger (m.)*
eine Fremd**e**	*a stranger (f.)*
die Fremd**en**	*the strangers*

  Similarly, nouns can be formed from participles

der/die ewig Jammernd**e**	*the constant complainer (m. or f.)*
ein Bekannt**er** von mir	*a friend of mine (m.)*
eine Bekannt**e** von mir	*a friend of mine (f.)*
meine Bekannt**en**	*my friends*

  and from comparative or superlative forms

der Geduldig**ste**	*the most patient (of people)*

- After **etwas, nichts, viel** or **wenig**, adjectives are used as neuter singular nouns

nichts Neues	*nothing new*
etwas Elegantes	*something elegant*

➡ **A**   Make nouns from the adjectives in brackets in the following sentences:-

1   „Der (alt)" ist ein bekanntes deutsches Fernsehprogramm
2   Die Firma hat 200 (angestellt)
3   Er ist (angestellt) bei Siemens
4   Sie hat mir etwas (interessant) erzählt
5   Mein (bekannt) wohnt in München

➡ **B**   Susan would also like to buy some new clothes before returning to England. Can you complete the following account with the correct adjective forms? Careful: some are free-standing!

Susan möchte sich gerne eine (1 neu) Bluse kaufen. Sie geht mit Carla und Roswitha in ein (2 schön) Geschäft auf der Zeil. Es gibt eine (3 groß) Auswahl von (4 viel) (5 schön) Kleidungsstücken. Sie probiert (6 verschieden) Sachen an: einen (7 gelb) Rock, einen (8 breit) Gürtel, eine (9 eng) Hose, eine (10 schick) Bluse und ein (11 elegant) Kleid. Sie nimmt keines, denn der (12 gelb) Rock ist ein bißchen zu (13 empfindlich), der (14 breit) Gürtel ist zu (15 altmodisch), die (16 eng) Hose steht ihr nicht, die (17 schick) Bluse ist zu (18 teuer) und das (19 elegant) Kleid macht sie zu (20 alt). Sie fühlt sich (21 wohl) in ihren (22 alt) Jeans. Wenn sie nach England kommt, wird sie sich etwas (22 neu) kaufen.

➡ **C**   The following is based on an extract from a tourist brochure produced by the Hilton Hotel in Weimar. Again, the adjectives are left for you to complete.

Die Stadt Weimar ist über 1000 Jahre (1 alt). (2 Lang) Zeit spielte sie die (3 führend) Rolle in der (4 deutsch) Geistesgeschichte. Zu Beginn des 19. Jahrhunderts lebte hier der (5 größt) deutsche Dichter, Johann Wolfgang von Goethe. Und hier tagte auch die (6 deutsch) National-versammlung nach der Beendigung des (7 erst) Weltkrieges, um eine (8 neue) Verfassung zu beschließen, nämlich die Verfassung der (9 Weimar) Republik.

Die (10 mittelalterlich) Straßen Weimars mit ihren (11 malerisch) Häusern haben sich kaum verändert.

Ganz in der Nähe von Weimar beginnt der (12 Thüringen) Wald, eine der (13 schönst) und (14 unverdorben) Naturregionen Europas. Wanderwege führen Sie kilometerweit durch die (15 ausgedehnt) Wälder dieser Berglandschaft, vorbei an (16 sprudelnd) Wildwasserbächen und (17 blühend) Wiesen.

11 Making longer statements

Studium, Lehre oder Arbeit?

Roswitha und Stephan sitzen wieder in einer Kneipe <u>und</u> <u>unterhalten sich weiter</u> über Entwicklungen in den neuen Bundesländern.	11.1

Roswitha	In der Zeitung stand, <u>daß jeder zweite 19- bis 64jährige</u> in den neuen Bundesländern <u>Weiterbildungsabsichten geäußert hat.</u> Das sind sehr viele Leute, <u>die sich weiterbilden wollen.</u>	11.2 11.2 11.3
Stephan	<u>Weil die Umschulung für uns in den neuen Bundesländern so wichtig ist, haben viele Leute das vor.</u> Jeder möchte gern lernen, <u>weil alle wissen, daß man dadurch beruflich weiterkommt.</u> Die Schwierigkeiten findet man erst später. Einige, <u>die eine Umschulung beginnen</u>, geben auf, <u>weil es zu schwer ist.</u>	11.5 11.2 11.2 11.3 11.2
Roswitha	Da hast du recht. Ich habe mein Studium auch oft aufgeben wollen, <u>aber ich studiere gern.</u> Man lernt immer etwas Neues und auf längere Sicht hofft man, <u>daß es zu einer guten Position führt.</u> Und du? Hast du auch manchmal Zweifel gehabt?	 11.1 11.2
Stephan	Natürlich. Manchmal denkt man, warum weitermachen? Einen Beruf lernen hat doch große Vorteile, <u>denn man lernt und arbeitet gleichzeitig</u> und verdient Geld.	 11.1
Roswitha	Dein Bruder hat auch etwas Praktisches gelernt und zwar bei der Post.	
Stephan	Ja, und für ihn war das die beste Lösung. Er hat schon früh Geld verdient, hat etwas Positives getan <u>und kann trotzdem nun studieren, weil ihn das jetzt mehr interessiert.</u>	 11.1/11.2

Roswitha Es muß ja nicht jeder studieren. Auch als Frau hat
man die Wahl. Weißt du, <u>wie viele Frauen ein</u>   11.4
<u>Handwerk lernen</u>?

Stephan Das weiß ich nicht, aber ich weiß, <u>daß es bei Lucas in</u> 11.2
<u>Koblenz ein Projekt gibt</u>, nämlich „Women in
Lucas", <u>das für Chancengleichheit von Männern</u>   11.3
<u>und Frauen sorgen soll</u>. Du siehst, es wird etwas
für die Gleichberechtigung getan.

Roswitha Lucas ist aber eine englische Firma. Weißt du, <u>ob</u>   11.4
<u>es solche Projekte auch bei deutschen Firmen gibt</u>?

Stephan Die gibt es sicherlich. Aber im Detail kann ich das
nicht sagen. Das mit Lucas habe ich zufällig in
der Zeitung gelesen. <u>Wenn man so lange</u> wie   11.5
damals bei uns in der DDR <u>nur langweilige</u>
<u>Zeitungen hatte, liest man alles</u>, <u>was einem in die</u>   11.3
<u>Hände fällt</u>. Ich lese sehr gerne Zeitungen.

Roswitha Ich auch.

Frauen lernen ein Handwerk

11.1 Second main clauses

und unterhalten sich weiter   aber ich studiere gern
denn man lernt und arbeitet gleichzeitig
und kann trotzdem nun studieren

● Every sentence must contain at least one *finite verb*. By finite verb we mean a verb which changes according to the subject; this is the verb which takes the first verb position (see section 6.1). As you already know, there can be second verbs which go to the final verb position. For example, in the sentence

　　　Ich kann morgen nach London fahren

kann is the finite verb and *fahren* is an infinitive dependent on it.

● But a longer sentence can have two or more finite verbs. In order to talk about such sentences, we use the word *clause* to mean any part of a sentence which has its own finite verb. So in

　　　Ich fahre nach London, und meine Freundin fährt
　　　nach Birmingham

the finite verbs are clearly *fahre* and *fährt*, and the two clauses are

　　　ich fahre nach London
　　　und meine Freundin fährt nach Birmingham.

● Where (as in the above example), the two clauses are equally important, we can speak of the second as being a *second main clause*.
Clauses other than the first main clause are introduced by *conjunctions*. Geman conjunctions which can introduce second main clauses are:-

aber	*but*
denn	*for, since, because*
oder	*or*
sondern	*but* (after a negative)
und	*and*

e.g. aber ich studiere gern
but I like studying
denn man lernt und arbeitet gleichzeitig
because you learn and work at the same time

Second main clauses pose few problems because the word order is the same as in a first main clause.

● Two or more clauses in a sentence are separated in German by a comma.

e.g. Ich habe mein Studium oft aufgeben wollen, aber ich studiere gern
I have often wanted to give up my studies, but I like studying

Einen Beruf lernen hat große Vorteile, denn man arbeitet praktisch
Learning a trade has great advantages, because you do practical work

Er kommt nicht mit, sondern er fährt nach Berlin
He's not coming with us, he's going to Berlin

An exception to this is in clauses linked by *und,* when one element is common to both and the speaker wishes to avoid repeating it.

e.g. Sie sitzen wieder in einer Kneipe und unterhalten sich
They are once again sitting in a pub and talking

The second clause is 'und (sie) unterhalten sich', but there is no need to repeat the *sie,* so no need for a comma. Similarly:-

Er hat früh Geld verdient und kann trotzdem nun studieren
He earned money early on and now he can still study

➡ Combine the following pairs of sentences with *und, aber, oder, sondern* or *denn.*

e.g. Carla kommt aus Deutschland. Susan kommt aus England.
    Carla kommt aus Deutschland, aber Susan kommt aus England.

1   Carla kommt nicht aus England. Sie kommt aus Deutschland.
2   Meistens trinke ich Tee. Manchmal trinke ich Kaffee.
3   Ich kann das Kleid nicht kaufen. Ich habe kein Geld.
4   Stephan geht zu Fuß. Er hat kein Auto.
5   Sie sind nicht ins Kino gegangen. Sie haben einen Spaziergang gemacht.
6   Trinken Sie ein Glas Bier? Möchten Sie eine Tasse Kaffee?
7   Er ist mit dem Taxi gefahren. Er hatte keine Zeit.
8   Ich habe eine Fahrkarte gekauft. Ich bin nach München gefahren.
9   Jeder möchte gern lernen. Jeder möchte beruflich weiterkommen.
10   Mein Bruder hat einen praktischen Beruf gelernt. Jetzt möchte er studieren.

11.2 Subordinate clauses

daß jeder zweite Weiterbildungsabsichten hat
daß man beruflich weiterkommt   weil alle wissen
weil es zu schwer ist   daß es ein Projekt gibt
daß es zu einer guten Position führt
weil ihn das jetzt mehr interessiert

● Not all clauses are main clauses. Sometimes a clause will convey information which is dependent on that of a main clause to make sense. Such clauses are called ***subordinate clauses***. Subordinate clauses cannot stand on their own (unless the main clause is implied but not actually spoken or written).

- German conjunctions which introduce subordinate clauses include:-

als	*when* (in the past)
als ob	*as if*
bevor	*before*
da	*since*
daß	*that*
ob	*whether*
wenn	*if, when* (present or future or in past as *whenever*)
weil	*because*

- In a subordinate clause, the finite verb goes to the very end of the clause.

  e.g. weil es zu schwer <u>ist</u>
  because it is too difficult

  weil ihn das jetzt mehr <u>interessiert</u>
  because that now interests him more

  daß es zu einer guten Position <u>führt</u>
  that it will lead to a good job

  daß es ein Projekt <u>gibt</u>
  that there is a project

  daß jeder zweite Weiterbildungsabsichten <u>hat</u>
  that every second person has plans for further training

  In a single sentence there can be more than one subordinate clause
  e.g. weil alle <u>wissen</u>, daß man beruflich <u>weiterkommt</u>
  because everyone knows that you can get on in your career

- If there is an infinitive or participle as well as the finite verb in the clause, the finite verb will go after it
  e.g. ich möchte nach Berlin fahren
  weil ich nach Berlin fahren möchte

  er hat Chemie studiert
  weil er Chemie studiert hat

• Subordinate clauses are always marked off from the rest of the sentence by a comma.

   Ich weiß, daß es bei Lucas ein Projekt gibt
   I know that there is a project at Lucas

• The subject of the subordinate clause almost always follows straight after the conjunction.
   e.g.   Morgen abend kommt Peter
          Ich weiß, daß Peter morgen abend kommt

➥ **A**   In section 1.2, we learnt a little about Carla's daily routine. Take the following statements and rephrase them starting with „Wir wissen schon, daß....":-
e.g.   Ich gehe jeden Tag zu Fuß zur Schule
         Wir wissen schon, daß sie jeden Tag zu Fuß zur Schule geht
1   Die Schule ist nicht weit vom Haus
2   Die erste Stunde beginnt um 7.50 Uhr
3   Nachmittags mache ich Schulaufgaben
4   Ich besuche später eine Freundin
5   Wir hören Musik
6   Abends bleibe ich meistens zu Hause
7   Ich schreibe selten Briefe

➥ **B**   Link the following sentences together using *weil*
e.g.   Ich fahre nach Deutschland. Ich will Deutsch lernen.
         Ich fahre nach Deutschland, weil ich Deutsch lernen will.
1   Wir kaufen dieses Kleid. Es ist billig.
2   Roswitha lernt viel. Sie möchte ein gutes Examen machen.
3   Wir können nicht ausgehen. Wir haben kein Geld.
4   Roswitha bewirbt sich um eine Stelle. Sie sucht einen Arbeitsplatz.
5   Stephans Bruder studiert. Er möchte seine Berufsaussichten verbessern.
6   Ich trinke viel Limonade. Es ist sehr heiß.
7   Roswitha fährt nach Alzey. Sie möchte ihre Eltern besuchen.
8   Stephan weiß vom Projekt bei Lucas. Er hat es in der Zeitung gelesen.
9   Stephan liest die Zeitung. Er möchte sich informieren.
10 Hans geht zu Fuß. Das Auto ist in der Werkstatt.

11.3 Relative clauses

die sich weiterbilden wollen
die eine Umschulung beginnen
das für Chancengleichheit sorgen soll
alles, was einem in die Hände fällt

- A *relative clause* is a subordinate clause which relates to a specific item in the main clause. It is introduced by a *relative pronoun* (equivalent to the English *who* or *which*). In the sentence
  That is the man who works in Frankfurt
  the clause *who works in Frankfurt* is a relative clause relating to *man.* Similarly, in
  Those are the books which we bought yesterday
  which we bought yesterday is a relative clause relating to *books.*

- German does not distinguish between *who* and *which.* The German relative pronouns are similar to the definite article, i.e.

	Masculine	Neuter	Feminine	Plural
Nominative	der	das	die	die
Accusative	den			
Dative	dem	dem	der	**denen**
Genitive	**dessen**	**dessen**	**deren**	**deren**

- The gender of the relative pronoun will depend upon the noun to which it relates. Its case will depend on its function in the relative clause.

  e.g. Der Mann, **der** in Frankfurt arbeitet   (nom)
        The man who works in Frankfurt
        Der Mann, **den** ich gestern gesehen habe   (acc)
        The man whom I saw yesterday
        Der Mann, von **dem** ich dir erzählt habe   (dat)
        The man of whom I told you
        Der Mann, **dessen** Tochter ich kenne   (gen)
        The man whose daughter I know

Two points to note:-

a)   In the genitive, the gender of the *dessen* or *deren* depends
     on the 'owner'. So in the final example above, *dessen* is used
     because it refers back to *der Mann.* The gender of *die Tochter*
     makes no difference.

b)   Unlike English, German cannot omit the relative pronoun. In
     the second and third of the above examples, English could say
          The man I saw yesterday
     and *The man I told you about*
     German has to use the full relative clause including the relative
     pronoun.

● As in other subordinate clauses, the finite verb is at the end and the
  clause is separated off by a comma.
          viele Leute, die sich weiterbilden wollen
          many people who want to do further training

          ein Projekt, das für Chancengleichheit sorgen soll
          a project that is supposed to promote equal opportuntiies

● Be careful to distinguish between the relative pronoun **das** and the
  conjunction **daß**. The pronoun relates to something specific in the
  main clause; the conjunction serves only to introduce the new
  clause.

● **was** is used as a relative pronoun if the main clause includes *alles,*
  etwas, nichts or an indefinite *das* (i.e. where the *das* is a general *that*
  rather than referring to a specific neuter noun)
          Er hat genau das, was wir suchen
          He has just what we are looking for

          Alles, was einem in die Hände fällt
          Everything that you can get hold of

● An increasingly common construction is a relative clause preceded
  by **derjenige, diejenige, dasjenige** or plural **diejenigen**
  meaning *the one who, the ones who.*
          diejenigen, die eine Umschulung beginnen
          those who begin a retraining

➡ **A** Susan has drawn up a list of the presents she has bought, and explains it to Roswitha. Then Roswitha repeats the same information to Stephan. But where Susan used two short sentences for each item, Roswitha only uses one.

e.g. Das Buch ist für meinen Bruder. Er studiert Geschichte.
Das Buch ist für ihren Bruder, der Geschichte studiert

1 Die Bluse ist für meine Schwester. Sie geht noch zur Schule.
2 Die Flasche ist für meinen Vater. Er trinkt gern Wein.
3 Der Schal ist für meine Oma. Sie ist fünfundsiebzig.
4 Die Zigarren sind für meinen Onkel. Er raucht gern.
5 Die Schokolade ist für meine kleine Schwester. Sie ißt alles Süße.
6 Die Krawatte ist für meinen Vetter. Er wohnt in Leicester.
7 Der Teller ist für meine Freundin. Sie konnte nicht nach Deutschland fahren.
8 Das Plakat ist für die Deutschlehrerin. Sie ist sehr nett.
9 Das Kuchenrezept ist für meine Mutter. Sie bäckt gern Kuchen.
10 Der Bierkrug ist für meinen Freund. Er holt mich von der Schule ab.

➡ **B** In the following statements about the relatives in Alzey, complete the relative pronouns.

1 Elfriede und Karl, ___ in Alzey wohnen, haben ein Weingut
2 Die Großmutter, ___ bei Elfriede und Karl wohnt, arbeitet noch eifrig mit
3 Auf dem Weingut, ___ nicht sehr groß ist, wachsen verschiedene Reben
4 Hans, ___ der Bruder von Elfriede ist, arbeitet in Frankfurt und wohnt in Usingen
5 Die Reben, ___ sie im Herbst in großen Körbern ernten, werden zur Presse gefahren
6 Der Traktor, auf ___ die Reben transportiert werden, ist nicht sehr groß
7 Roswitha, ___ Familie noch immer in Alzey wohnt, kommt oft nach Hause
8 Karl, ___ Schwiegermutter Geburtstag feiert, ist Winzer
9 Die Oma, zu ___ Geburtstag die jungen Leute fahren, erzählt viel von der guten alten Zeit
10 Der Wein, ___ die Kommission prüft, wird mit einem Prädikat ausgezeichnet

➥ **C**   Integrate the information in brackets by means of a relative clause.

e.g.   Der Student kommt aus Sachsen (Er wohnt in diesem Zimmer)
         Der Student, der in diesem Zimmer wohnt, kommt aus Sachsen

1   Das Geld ist für die Miete. (Es liegt auf dem Tisch)
2   Die Studenten warten auf die Straßenbahn. (Sie stehen an der Haltestelle)
3   Der Computer ist sehr modern. (Roswitha hat ihn gekauft)
4   Die Stereoanlage ist sehr teuer. (Ich habe sie in einem Schaufenster gesehen)
5   Die Wirtin ist sehr nett. (Roswitha wohnt bei ihr)
6   Der Mann tut mir leid. (Seine Frau ist krank)
7   Der Student ruft die Werkstatt an. (Sein Auto ist kaputt)
8   Meine Freunde wohnen in München. (Ich habe ihnen gestern geschrieben)
9   Die Bücher sind sehr interessant. (Ich habe sie mir geliehen)
10   Die Engländerin war sehr nett. (Sie war bei unseren Freunden)

Die Studenten warten auf die Straßenbahn

11.4 Indirect questions

wie viele Frauen ein Handwerk lernen
ob es solche Projekte auch bei deutschen Firmen gibt

● A subordinate clause may also be adapted from a question. This is particularly the case when you are talking about what somebody knows or doesn't know. The sentence

I don't know how many women learn a trade

is based on the original question

How many women learn a trade?

In German, because the original question has now become a subordinate clause, it is of course separated by a comma, and the verb is at the end.

Ich weiß nicht, wie viele Frauen ein Handwerk lernen

Where the original question is one which starts with the verb, as in

Gibt es solche Projekte auch bei deutschen Firmen?
Do similar projects exist in German companies as well?

a new conjunction is required when the question is integrated into a longer sentence. The conjunction **ob** (*whether*) is used for this purpose:-

Weißt du, ob es solche Projekte auch bei deutschen Firmen gibt?
Ich weiß nicht, ob es solche Projekte auch bei deutschen Firmen gibt.

➥ Imagine that you are being asked a lot of questions to which you do
not know the answer. In each case, start your reply with „Ich weiß nicht...“
e.g. Hat Susan einen Freund?
     Ich weiß nicht, ob sie einen Freund hat
1   Hat Hans eine Freundin?
2   Wann beginnt der Film?
3   Ist das eine positive Entwicklung?
4   Wie hoch ist die Zugspitze?
5   Wie alt ist Roswitha?
6   Hat sie Geschwister?
7   Wie lange studiert sie schon?
8   Was möchte Stephan später werden?
9   Haben Roswithas Eltern auch studiert?
10 Wann wird Roswitha fertig?

11.5 Starting with a subordinate clause

Weil die Umschulung wichtig ist, haben Leute das vor
Wenn man langweilige Zeitungen hatte, liest man alles

● Very frequently, a subordinate clause is used to start the sentence.
In this case, it becomes the first element in the sentence and must be
followed immediately by the verb from the main clause. This is difficult
for English-speaking learners to get used to.

   e.g. Viele Leute haben das vor, weil die Umschulung wichtig ist
        Many people are intending to do so, because retraining is
          important
  becomes
      Weil die Umschulung wichtig ist, **haben** viele Leute das vor

Similarly
> Wenn man so lange nur langweilige Zeitungen hatte, **liest** man alles
>
> *When you have had only boring newspapers for so long, you read everything*

➡ Rewrite the following, starting with the subordinate clause

e.g.   Stephans Bruder möchte studieren, weil er bessere Berufs-
aussichten sucht
Weil er bessere Berufsaussichten sucht, möchte Stephans
Bruder studieren

1   Stephan geht mit Roswitha in die Kneipe, obwohl er nicht viel Zeit hat
2   Susan ruft ihre Eltern an, nachdem sie gegessen hat
3   Die Studenten fahren nach Bad Dürkheim, weil der Wurstmarkt sehr
bekannt ist
4   Ich lernte Fahrrad fahren, als ich acht Jahre alt war
5   Ich fuhr zum ersten Mal nach Deutschland, als ich 17 Jahre alt war
6   Stephan liest viele Zeitungen, weil er sich informieren will
7   Susan kauft die weiße Bluse nicht, weil sie so teuer ist
8   In der Zeitung stand, daß jeder zweite 19- bis 64jährige
Weiterbildungsabsichten hat
9   Ich trinke viel Limonade, wenn es sehr heiß ist
10   Ich habe schon in der Zeitung gelesen, daß es ein neues Projekt
gibt

Ich trinke viel Limonade, wenn es sehr heiß ist

12 Relating who said what

Die neue Klinik

Stephan hat wieder einen interessanten Zeitungsartikel
gefunden, diesmal über den Bau einer neuen Klinik in Schilda,
einem Ort, der von Bergen und Wäldern umgeben ist. Der Bau
dieser Klinik ist sehr umstritten und wird in der Presse stark
diskutiert.

Roswitha	Man sagt, <u>der Stadtrat hätte die Genehmigung</u> für den Bau der Klinik auf dem Berg <u>gegeben</u>.	12.3
Stephan	Ja, hier zitiert man den Chefarzt. „Wegen der gesunden Lage der Klinik mitten im Wald <u>erhoffe</u> <u>man einen großen Andrang</u> von Patienten. Nicht nur Patienten aus der Bundesrepublik sondern aus der ganzen Welt <u>seien zu erwarten</u>. Die Klinik <u>solle auch viele Arbeitsplätze</u> für die Einwohner von Schilda und den Nachbardörfern <u>schaffen</u>. Er fragte, <u>wo man sonst eine so schöne</u> <u>Klinik bauen könne</u>."	12.2 12.2 12.2 12.4
Roswitha	Du kannst aufhören mit dem Vorlesen. Ich kann mir gut vorstellen, wie das weitergeht. „Um die Klinik <u>gebe es</u> Spazierwege, damit <u>hätten</u> <u>Patienten die Gelegenheit</u>, in der frischen Luft spazierenzugehen." Und damit ruinieren sie das Bild des Berges. Warst du schon einmal da? Es ist landschaftlich sehr schön.	12.2/12.3 12.3
Hans	Aber es gibt doch keine Alternative.	
Roswitha	Natürlich gibt es eine Alternative. Die Bürgerinitiative Schilda hat schon den Vorschlag gemacht, <u>man sollte die Klinik dort bauen</u>, <u>wo es schon Straßen gäbe</u>.	12.3 12.3

Hans	Aber wo soll man die Klinik bauen? Sie soll in einer schönen Umgebung liegen, damit die Leute in gesunder Umgebung sich wohlfühlen können.
Roswitha	Mich regt auf, wieviel Geld für die Rodung des Waldes ausgegeben wird. Man könnte bestimmt einen anderen Platz finden. Es wird auch gesagt, <u>daß der Staat einen Zuschuß</u> von mehreren Millionen Mark <u>bewilligt hat</u>.
Hans	Wer sagt das? Wo hast du die Zahlen her? So ein Klinikbau kostet immer viel. Auch du brauchst mal eine Klinik, wenn du krank bist.
Roswitha	Aber nicht mitten im Wald. Auf der einen Seite wird gesagt, <u>man solle die Umwelt schonen</u> und auf der anderen Seite wird ein großer Eingriff in die Natur genehmigt.
Stephan	Roswitha hat Recht. Es wäre möglich eine schöne Klinik in Sonnental zu bauen, das ist schon teilweise bebaut und nicht weit vom Wald. Aber es wurde berichtet, <u>die Einwohner hätten dagegen demonstriert</u>. Sie <u>würden befürchten</u>, daß ein Klinikbau <u>schwerwiegende Konsequenzen</u> auf den Wohnwert der Gegend <u>hätte</u>.

Die Spaltenmarkierungen rechts: 12.1, 12.4, 12.3, 12.3, 12.3

*Es wurde berichtet, die Einwohner
hätten dagegen demonstriert*

12.1 Reported speech with *daß*

daß der Staat einen Zuschuß bewilligt hat

- When we repeat what somebody else says, we can either quote them word for word, or we can use **reported speech**. We can say either
    He says, 'I am tired'   (direct quote)
  or   *He says (that) he is tired* (reported speech)
  Reported speech is more usual.

- German also has a choice between a direct quote and reported speech, and also prefers reported speech. In spoken German, and increasingly in written German, all that is necessary is to make the reported speech a subordinate clause introduced by the conjunction **daß**.
    Er sagt, daß er müde ist
  or as in our dialogue
    Es wird auch gesagt, daß der Staat einen Zuschuß bewilligt hat.
    It is also said that the state has agreed a subsidy

- In both English and German, if the 'reporter' is different from the original speaker, and the original speaker uses the 1st person (*I/we*), this has to be changed to the 3rd person (*he/she/they*) in the reported speech.
    Stephan: 'I am tired'
    *Stephan says that **he** is tired*
    Stephan sagt, daß er müde ist

  Also in both languages, if the original speech is some time in the past, you may need to change the tense to show that things have or may have changed.
    *Stephan **said** that he **is** tired (and he probably still is)*
    Stephan **sagte**, daß er müde **ist**
    *Stephan **said** that he **was** tired (when he spoke, but that was last week)*
    Stephan **sagte**, daß er müde **war**

➡ The following are statements Roswitha makes about the new clinic.
Rewrite them, starting with „Sie sagt, daß......"
e.g. Ein Bus soll von der Stadt zur Klinik fahren
    Sie sagt, daß ein Bus von der Stadt zur Klinik fahren soll.
1 Man muß den Wald roden
2 Das Tierleben wird gefährdet
3 Die neue Straße führt direkt über den Wildpfad von Hirschen und
  Rehen
4 Der Staat hat einen Zuschuß bewilligt
5 Die Besiedlung des Berges verunreinigt das Wasser der
  Mineralquelle

12.2 Subjunctive 1 in reported speech

Man erhoffe einen großen Andrang
Patienten aus der ganzen Welt seien zu erwarten
Die Klinik solle viele Arbeitsplätze schaffen
Es gebe Spazierwege

● There is another technique that is frequently used in written German,
especially in newspapers, and is regarded as the most elegant way of
reporting speech. There is no need for the *daß*, the word order of the
original speaker is retained but the verb takes a form known as
subjunctive 1.

Er sagte, er **habe** kein Geld

The forms of subjunctive 1 for a regular verb are:-

	Present	*Subjunctive 1*
ich	kaufe	kaufe
du	kaufst	kauf**est**
er/sie/es	kauft	kauf**e**
wir/sie/Sie	kaufen	kaufen
ihr	kauft	kauf**et**

● But you can only omit the *daß* if the subjunctive 1 form is different
from the present tense. As you will see from the example on page
177, this applies only in the *du*, *er/sie/es* and *ihr* forms. It is the **-e**
ending on the 3rd person singular (*er/sie/es*) which is characteristic of
subjunctive 1 and is most frequently used in reported speech.

Some more examples of the 3rd person singular of subjunctive 1:-

Infinitive	*Subjunctive 1*
kommen	er/sie/es komme
geben	er/sie/es gebe
haben	er/sie/es habe
können	er/sie/es könne
werden	er/sie/es werde

e.g. Um die Klinik gebe es Spazierwege
(He said that) around the clinic there were paths

● Where the subjunctive 1 form is different from the present tense, you
also do not need to say, let alone to keep repeating, *He said that.....,*
he indicated that..... etc.

e.g. Man erhoffe einen großen Andrang
(The senior consultant said that) they were hoping for a big
demand
Die Klinik solle viele Arbeitsplätze schaffen
(He added that) the clinic would create many new jobs

● **sein** is the only verb in which subjunctive 1 differs from the present
tense in all its forms

	Present	*Subjunctive 1*
ich	bin	**sei**
du	bist	**seist**
er/sie/es	ist	**sei**
wir/sie/Sie	sind	**seien**
ihr	seid	**seiet**

• The tense in subjunctive 1 reflects the actual words of the speaker.

If the speaker uses the present tense, subjunctive 1 is also used in the Present.
Er sagte: „Ich kaufe ein Auto"
Er sagte, er kaufe ein Auto
He said he is / was buying a car

But if he/she used the past tense, then the reporter uses subjunctive 1 in the perfect , i.e. subjunctive 1 of *haben* or *sein* as appropriate plus the past participle .
Er sagte: „Ich kaufte im Januar ein Auto"
Er sagte, er habe im Januar ein Auto gekauft

➡ **A** Imagine that a newspaper reporter is writing about local people's views on the new clinic, and wishes to report what Roswitha has said. Take her statements from the exercise at the top of page 177, and rewrite them for the newspaper using subjunctive 1.
e.g. Ein Bus soll von der Stadt zur Klinik fahren
Ein Bus solle von der Stadt zur Klinik fahren

➡ **B** The following is a newspaper report, of an accident. Write out the exact words the cyclist will have used when speaking to the reporter. Start: „Ich war auf der Vorfahrtsstraße...."

Gestern abend ereignete sich ein Unfall in der Rolandstraße. Ein Radfahrer wurde leicht verletzt. Unserem Berichterstatter erzählte der Radfahrer später, er sei auf der Vorfahrtstraße gewesen. Plötzlich sei ein Auto aus der Seitenstraße gekommen. Es könne nicht gehalten haben, denn es sei zu schnell aus der Seitenstraße gekommen. Er habe geschrien und auf die Bremse gedrückt, aber trotzdem sei er auf das Auto geprallt. Dann habe er auf der Straße gelegen. Der Autofahrer habe mitten auf der Straße angehalten. Der Radfahrer sei sehr schockiert gewesen und habe versucht, aufzustehen. Das Fahrrad sei kaputt gewesen, das Auto habe nur Blechschäden erlitten.

12.3 Subjunctive 2 in reported speech

Der Stadtrat hätte die Genehmigung gegeben
damit hätten Patienten die Gelegenheit
Man sollte die Klinik dort bauen
wo es schon Straßen gäbe
Die Einwohner hätten dagegen protestiert
sie würden befürchten
Ein Klinikbau hätte schwerwiegende Konsequenzen

● Where subjunctive 1 is the same as the present tense, it cannot be used to indicate reported speech. subjunctive 2 is used instead.

As outlined in section 8.4, subjunctive 2 is formed from the simple past tense, with the addition of the endings **-e, -est, -e, -en, -et** . Where the simple past contains **a, o** or **u**, an Umlaut is usually added.

As you will see from the examples below, this means that in the case of weak verbs, subjunctive 2 is identical with the simple past. But with strong verbs, there are important differences, especially when an Umlaut is added:-

	Simple past	*Subjunctive 2*
Weak verb: kaufen		
ich	kaufte	kaufte
du	kauftest	kauftest
er/sie/es	kaufte	kaufte
wir/Sie/sie	kauften	kauften
ihr	kauftet	kauftet
Strong verb without Umlaut: gehen		
ich	ging	ging**e**
du	gingst	ging**est**
er/sie/es	ging	ging**e**
wir	gingen	gingen
ihr	gingt	ging**et**

	Simple past	Subjunctive 2

Strong verb with Umlaut: singen

ich	sang	sänge
du	sangst	säng**est**
er/sie/es	sang	säng**e**
wir/Sie/sie	sangen	sängen
ihr	sangt	säng**et**

● Some more examples of subjunctive 2 with strong verbs:-

	ich *er/sie/es*	*du*	*wir/Sie/Sie*	*ihr*
kommen	käme	kämest	kämen	kämet
finden	fände	fändest	fänden	fändet
fahren	führe	führest	führen	führet

You will find a list of the most commonly used Subjunctive 2 forms on page 125, and can work out more from the list of strong and mixed verbs on pages 110-111.

e.g. die Einwohner hätten dagegen protestiert
the locals had demonstrated against it
damit hätten Patienten die Gelegenheit
so patients would have the opportunity
Man sagt, der Stadtrat hätte die Genehmigung gegeben
They say the council has given approval
man sollte die Klinik dort bauen
(On one hand they say) one should build the clinic there

● If neither subjunctive 1 nor subjunctive 2 is sufficiently distinctive to indicate reported speech, you can use **würde** (subjunctive 2 of *werden*) plus the infinitive:-
Sie würden befürchten.....
(It was reportet that) they were afraid......

● Once you have started a reported speech in subjunctive 2 (whether of the verb itself or with **würde**) you must continue with it:-
sie würden befürchten, daß ein Klinikbau schwerwiegende Konsequenzen hätte
(It is reported that) they fear the building of a clinic would have grave consequences

man sollte die Klinik bauen, wo es schon Straßen gäbe
you should build the clinic where there are already roads
(Having used subjunctive 2 for *sollte,* Roswitha has to stick with it for
the rest of the sentence.)

● Many Germans are totally confused by the subjunctive and use
subjunctive 1, subjunctive 2 and the present or perfect all mixed up
together. The language is evolving, and it is not currently possible to
give precise rules. The following guidelines should help:-

a)   Always choose a subjunctive form that is distinctly different
     from the ordinary tenses. This makes it clear that you are
     quoting from somebody else, and you can avoid clumsy word
     order;

b)   Where subjunctive 1 has a different form from the present
     tense, use it for reported speech. If subjunctive 1 is the same
     as the present tense, use subjunctive 2;

c)   Especially in spoken (rather than written) German, remember
     the alternatives
     daß.... and the present or simple past as appropriate
     würde plus the infinitive.

➡ In the following reports of what people have said, reconstruct the
original words
e.g.   Elfriede sagte, sie hätten dieses Jahr eine gute Ernte gehabt
       Elfriede sagte: „Wir haben dieses Jahr eine gute Ernte gehabt"
1   Roswitha und Susan haben gesagt, sie würden einkaufen gehen.
2   Stephan hat gesagt, er komme aus Sachsen und habe in Berlin
    studiert. Seit sechs Monaten wohne er in Frankfurt. Er arbeite an
    seiner Dissertation. Sein Bruder und seine Schwester würden in
    Leipzig studieren, aber sie kämen oft nach Frankfurt.
3   Der Chefarzt behauptete, der Berg sei die idealste Lage für die
    Klinik. Er habe in einer ähnlichen Klinik in Österreich gearbeitet; dort
    seien die Patienten aus aller Welt sehr zufrieden gewesen. Die gute
    Luft und die Möglichkeit, Spaziergänge zu unternehmen, würden
    die Genesung der Patienten beschleunigen.

12.4 Questions and requests in reported speech

Er fragte, wo man sonst eine Klinik bauen könne
Es wird gesagt, man solle die Umwelt schonen

● Where reported speech includes a question, the same pattern applies as for statements. subjunctive 1 is regarded as the more elegant, with subjunctive 2 used when subjunctive 1 is the same as the Present.

So Wo kann man sonst eine so schöne Klinik bauen?
Where else can one build such a fine clinic?
becomes
Er fragte, wo man sonst eine so schöne Klinik bauen könne
He asked where else one could build such a fine clinic

● Where the original speaker has used an imperative for a request, the reporter will need to use a modal verb, usually *sollen:-*
Schonen wir die Umwelt!
Let's spare the environment
becomes
Es wird gesagt, man solle die Umwelt schonen
It is said that one should spare the environment

Rufen Sie mich morgen im Büro an!
Phone me in the office tomorrow
becomes
Der Chef sagte, man solle ihn morgen im Büro anrufen
The boss said one should phone him in the office tomorrow

Note that you cannot use a simple infinitive in German for indirect commands. For the previous example, English could say
The boss told them to phone him in the office tomorrow.
German has to make a separate clause out of the request.
(Exception: **bitten**, used with **zu** + infinitive
Der Chef bat sie, ihn morgen im Büro anzurufen
The boss asked them to phone him in the office tomorrow)

➡   A manager is going on holiday, and leaves the following instructions on his dictating machine. His secretary, Fräulein Müller, reads out a summary. Can you reconstruct the original message?

e.g.   Herrr Görner soll bitte die Besprechung vorbereiten.
       „Herr Görner, bitte bereiten Sie die Besprechung vor."

1   Frau Meyer soll bitte die Hotelzimmer reservieren
2   Herr Reinhard soll bitte die Briefe unterschreiben
3   Ich soll die Post aufmachen
4   Frau Neumann soll die Akten einordnen
5   Frau Wilhelm soll bitte die Rechnungen sortieren

Ich soll die Post aufmachen

Answer section

1.1

A			B		
1	er		1	wir
2	sie		2	du
3	sie		3	ich
			4	ihr
			5	Sie

1.2

A   gehe   ist   beginnt   komme   ist   mache   geht   besuche   sitzen   plaudern   hören   erzählen   planen   bleibe   gehe   spüle   schreibe

B   Sie geht jeden Tag zu Fuß zur Schule. Die Schule ist nicht weit vom Haus. Die erste Stunde beginnt um 7.50 Uhr. Meist kommt sie sogar pünktlich! Mittags um 13.00 Uhr ist die Schule zu Ende. Nachmittags macht sie Schulaufgaben. Das geht sehr schnell. Meist besucht sie etwas später eine Freundin. Sie sitzen zusammen, plaudern, hören Musik, erzählen von Freunden und planen etwas für das Wochenende. Abends bleibt sie meistens zu Hause, aber manchmal geht sie aus. Ganz selten spült sie das Geschirr oder schreibt Briefe."

C   1   Wo wohnst du?
      2   Gehst du noch zur Schule?
      3   Kommst du oft in die Disko?
      4   Wie lange kennst du schon Carla?

1.3

A	ich lese	ich fahre	ich arbeite
	du liest	du fährst	du arbeitest
	er/sie/es liest	er/sie/es fährt	er/sie/es arbeitet
	wir/Sie/sie lesen	wir/Sie/sie fahren	wir/Sie/sie arbeiten
	ihr lest	ihr fahrt	ihr arbeitet

B 1 Sie fährt
   2 Sie bastelt
   3 Sie sammelt
   4 Sie arbeitet
   5 Sie schreibt

C   Er kommt aus Usingen und arbeitet als Computerprogrammierer in
       Frankfurt. Er spricht etwas Englisch, in der Computerindustrie sprechen
       sie fast alle Englisch. Er findet die Arbeit sehr interessant.
       Er treibt viel Sport, besonders Leichtathletik und läuft 100 m.

1.4

A 1 bin   B 1 habe   hast hat hat
   2 ist   2 hat
   3 ist   3 haben haben habt
   4 bist   4 haben
   5 sind
   6 seid
   7 ist
   8 ist

1.5

   1 gib   6 schreib
   2 komm   7 nehmen
   3 tanz   8 sagen
   4 geht   9 hol   schlag
   5 singt

1.6

   1   Ja, ich kenne ihn
   2   Ja, ich kenne sie
   3   Ja, ich besuche sie nächste Woche
   4   Ja, ich schicke es nach England
   5   Ja, ich lese sie
   6   Ja, ich schreibe ihn
   7   Ja, ich habe einen Brief für sie
   8   Ja, ich habe ein Geschenk für ihn
   9   Ja, ich schreibe ihn morgen
   10 Ja, ich verstehe dich
   11 Ja, ich sehe euch

1.7

A 1 ihr
    2 ihnen
    3 ihr
    4 ihr
    5 ihm
    6 ihnen
    7 ihr

B 1 Ja, ich helfe Ihnen im Haus
    2 Ja, ich spreche etwas Englisch mit Ihnen
    3 Ja, es geht mir gut
    4 Ja, ich wohne gerne bei Ihnen
    5 Ja, es gefällt mir gut hier in Frankfurt
    6 Ja, ich schreibe Ihnen aus England

C 1 sie   6   ihnen
    2 er   7   er ihr
    3 ihr   8   ihm
    4 sie   9   ihr
    5 ihn   10 ihr

D   Susan kommt aus Hatfield in der Nähe von London. Sie geht auf eine
       Mädchenschule und es gefällt ihr. Sie lernt vier Fächer: Deutsch,
       Geschichte, Erdkunde und Englisch. Sie findet Geschichte ganz leicht,
       aber Deutsch ist sehr schwer. Sie treibt viel Sport, besonders
       Leichtathletik. Sie läuft gern 100 m. Samstags geht sie oft mit ihren
       Freundinnen in die Disko, aber manchmal fahren sie auch nach London.

2.1

    1 Der Wein ist sehr herb.
    2 Meine Arbeit ist abwechslungsreich.
    3 Die Stimmung bei der Weinlese ist sehr kameradschaftlich.
    4 Viele Leute in der Welt lernen Englisch.
    5 Eine englische Studentin und ihr deutscher Freund lernen zusammen
       Spanisch. Das Lernen macht ihnen Spaß.

2.2

A 1 der Mercedes
2 die Bedienung
3 die Schönheit
4 die Nation
5 der Käfig

6 die Gesellschaft
7 der Idealismus
8 das Skilaufen
9 das Märchen
10 der Mittwoch

B die Arbeit die Stadt der Kunde der Ausschank der Wein
die Abrechnung das Finanzamt der Helfer die Weinlese
die Weinprobe der Verkehrsverein der Besucher die Welt
die Rebe die Qualität der Wein der Wein das Weinglas
der Besucher das Haus

C 1 der Gehalt — content
2 der Kunde — customer
3 der Leiter — manager
4 der Flur — hall, landing
5 der Golf — (geogr.) gulf
6 der See — inland lake

das Gehalt — salary
die Kunde — news
die Leiter — ladder
die Flur — field, pasture
das Golf(spiel) — golf
die See — sea

2.3

A. 1 das Rathaus - townhall
2 der Zeitpunkt - (point of) time, moment
3 der Familienbetrieb - family concern
4 der Führerschein - driving licence
5 das Wörterbuch - dictionary
6 der Küchenschrank - kitchen cupboard
7 die Automobilindustrie - motor car industry

B. 1 unicorn
2 hydrogen
3 lady's bicycle
4 mulit-storey car park
5 strawberry
6 boot of car
7 antifreeze
8 garden gnome

2.4

A 1   Die Studentinnen studieren in Heidelberg
2   Die Winzer arbeiten sehr viel
3   Die Winzerstöchter helfen immer mit
4   Die Weingüter liegen bei Alzey
5   Die Weingläser sind kaputt
6   Die Autos fahren sehr schnell
7   Die Kunden probieren die Rotweine

B 1   mothers — nuts *(as in nuts and bolts)*
2   banks — benches
3   ostriches — bunches *(of flowers)*
4   cockerels — taps
(NB Spoken German now uses Hähne for both meanings)

2.5

1	Er ist Soldat	4	Sie ist Schülerin
2	Er ist Winzer	5	Er ist Bäcker
3	Er ist Pfarrer	6	Sie ist Lehrerin

2.6

1   Die wohnt in Hertfordshire
2   Der ist teuer
3   Der kann gut tanzen
4   Das liegt schön
5   Die schmecken sehr gut

2.7

1	Dieser	4	Dieses
2	Jede	5	Jedes
3	Welche	6	Welcher

3.1

1   Ich habe ein Hemd. Ich habe kein Hemd. Ich Habe sechs Hemden.
2   Ich habe ein Auto. Ich habe kein Auto. Ich habe sechs Autos.
3   Ich habe ein Radio. Ich habe kein Radio. Ich habe sechs Radios.
4   Ich habe ein Motorrad. Ich habe kein Motorrad. Ich habe sechs Motorräder.
5   Ich habe eine Flasche Wein. Ich habe keine Flasche Wein. Ich habe sechs Flaschen Wein.
6   Ich habe ein Wörterbuch. Ich habe kein Wörterbuch. Ich habe sechs Wörterbücher.
7   Ich habe eine Jacke. Ich habe keine Jacke. Ich habe sechs Jacken.

3.2

1	mein		6	Ihr
2	dein		7	meine
3	eure		8	seine
4	ihr		9	ihr
5	unsere			

3.3

A			B		
	1	einen		1	Der den
	2	sein		2	der
	3	meine		3	Der der
	4	unseren		4	Der ein
	5	unser		5	den
	6	ihre		6	ihren
	7	meinen		7	ein

C   1   den Wein
    2   die Trauben
    3   die Körbe
    4   das Auto
    5   den Dosenöffner

3.4

A			B		
1	ihrer		1	den Arbeitern
2	der		2	den Helfern
3	den		3	den Nachbarn
4	ihren		4	den Mädchen
5	seiner		5	ihren Freundinnen Ansichtskarten
6	ihrer		6	den Winzern
7	ihren			

3.5

1	des Weines	5	deiner Vorfahren
2	der Familie	6	dieser Stadt
3	meiner Eltern	7	des Sommers
4	meines Bruders		

3.6

A
1 Kunden
2 Kunde
3 dem Kunden
4 den Studenten
5 den Namen dieses Herrn
6 des Sachsen

B   Karl und Elfriede haben ein Weingut in Alzey. Karl erzählt Susan von seiner
Arbeit, und sie probieren den Wein. Karl und Elfriede arbeiten zusammen
mit der Winzergenossenschaft, und sie verkaufen ihre Weine in alle Welt.
Das Weingut ist ein Familienbetrieb, und alle Familienmitglieder helfen bei
der Weinlese.
Susan und Carla finden einen Zeltplatz in der Nähe von Alzey und sprechen
mit einem Nachbarn. Carla kann den Dosenöffner nicht finden, er liegt bei
ihren Klamotten!

4.1

A   Elfriede wird dieses Jahr einundfünfzig Jahre alt.
    Die Großmutter wird achtzig.
    Hans ist fast dreißig.
    Die Großmutter ist neunundzwanzig Jahre älter als
    Elfriede und fast fünfzig Jahre älter als Hans.

B 1   achttausendachthundertachtundvierzig
      zweitausendneunhundertdreiundsechzig
      dreitausendsiebenhundert
  2   fünfzehnhundertsechsundachtzig   zweihundert
  3   achtzehnhundertzweiundneunzig   zweihundert   vierundvierzig
      von neunzehnhundertfünfundvierzig bis
          neunzehnhundertneunundachtzig
      neunzehnhunderteinundneunzig   fünfundzwanzig   vierzehn

4.2

1   erste   4   einundzwanzigste
2   siebte   5   dreiundzwanzigsten
3   zweite

4.3

A 1   ein Zwölftel
  2   ein Zwanzigstel
  3   ein Drittel
  4   ein Fünfzehntel

B 1   neunundzwanzig Komma vier   = ungefähr ein Drittel
  2   fünfzehn Komma fünf = ungefähr ein Sechstel
  3   dreizehn Komma neun = ungefähr ein Siebtel
  4   neun Komma sechs = ungefähr ein Zehntel

4.4

neun Uhr zehn, zehn nach neun
vierzehn Uhr fünfunddreißig, fünf nach halb drei (nachmittags)
zwanzig Uhr siebenundfünfzig, drei Minuten vor neun (abends)
elf Uhr fünfzehn, Viertel nach elf, Viertel zwölf
fünfzehn Uhr vierzig, zwanzig vor vier (nachmittags)
null Uhr drei, drei Minuten nach zwölf Uhr nachts, drei Minuten nach
 Mitternacht
zwölf Uhr fünfundzwanzig, fünf vor halb eins
siebzehn Uhr fünfundvierzig, Viertel vor sechs (abends), drei Viertel
 sechs (abends)
zwölf Uhr siebzehn, siebzehn Minuten nach zwölf
zwölf Uhr dreißig, halb eins
neunzehn Uhr fünfundfünfzig, fünf Minuten vor acht (abends)
siebzehn Uhr achtunddreißig, zweiundzwanzig Minuten vor
 sechs (abends)

4.5

A			B	
1	ersten ersten		1	Am zweiten Mai
2	sechsten ersten		2	Am vierundzwanzigsten August
3	elften elften		3	am elften September
4	elf Uhr elf		4	am zweiten Oktober
5	zweiundzwanzigsten dritten		5	Der siebte Oktober
6	fünfundzwanzigsten vierten		6	am achtzehnten Oktober
7	ersten fünften		7	am vierten November
8	siebzehnten sechsten		8	am siebten November
9	neunzehnhundertdreiundfünfzig		9	am neunten November
10	dritten zehnten			
11	einunddreißigsten zehnten			
12	ersten elften			
13	zweiten elften			
14	sechsten zwölften			
15	vierundzwanzigsten zwölften			
16	fünfundzwanzigste zwölfte			
17	sechsundzwanzigste zwölfte			
18	einundreißigsten zwölften			

4.6

A   einhundertfünfzig Gramm Schokolade   einhundertfünfzig Gramm Butter
einhundertfünfzig Gramm Zucker   ein gestrichener Teelöffel Backpulver
sechs Eier   30 Gramm Puderzucker   einhundertfünfzig Gramm Mehl
Aprikosenkuvertüre

B   zehn Äpfel
ein Glas Marmelade
eine Schachtel Pralinen
zwei Pfund (ein Kilo) Kaffee
eine Flasche Wein

4.7

A   1   Susan ist seit einer Woche in Frankfurt
    2   Wissenschaftler arbeiten seit zwanzig Jahren an einer Reform
        der deutschen Rechtschreibung
    3   Ich arbeite seit fünf Jahren   bei Siemens
    4   Die Großmutter lebt seit achtzig Jahren in Alzey
    5   Ich trinke seit fünf Jahren keinen Kaffee

B	1	Tag für Tag		6	Diesmal
	2	Jeden Tag		7	In diesem Moment
	3	Heute morgen		8	Zum dritten Mal
	4	Gestern abend		9	pünktlich
	5	heute morgen		10	Zur Zeit

5.1

A		(Possible answers)	B	1	nach
	1	against, into		2	vor
	2	around		3	an
	3	anti (against)		4	in
	4	around		5	für
	5	at		6	bei
	6	to		7	seit
	7	after			
	8	--			
	9	from			
	10	made of			
	11	out of out of			

5.2

A 1 den
    2 ihren
    3 ihren
    4 diese
    5 die

B 1 für ihre Mutter
    2 für ihren Vater
    3 für ihre Freundin
    4 für ihren Freund
    5 für den Onkel in Birmingham
    6 für die Tante in Manchester

5.3

A 1 Susan spricht mit der Dame
    2 Susan spricht mit dem Kind
    3 Susan spricht mit der Oma
    4 Susan spricht mit der Studentin
    5 Susan spricht mit dem Winzer
    6 Susan spricht mit seiner Frau
    7 Susan spricht mit dem Computerfachmann
    8 Susan spricht mit Herrn Gruber
    9 Roswitha erzählt ihr von ihrem Zimmer
   10 Roswitha erzählt ihr von dem Leben an der Uni
   11 Roswitha erzählt ihr von den Prüfungen
   12 Roswitha erzählt ihr von ihrem Freund
   13 Roswitha erzählt ihr von ihren Eltern
   14 Roswitha erzählt ihr von der Arbeit
   15 Roswitha erzählt ihr von der Universitätsbibliothek
   16 Roswitha erzählt ihr von ihrem Professor

B 1 der
    2 diesem
    3 meinen
    4 der
    5 meinem
    6 der

5.4

A 1 das
    2 den
    3 das
    4 die
    5 das
    6 die
    7 die
    8 das
    9 den
   10 die

B 1 dem
    2 dem
    3 dem
    4 der
    5 dem
    6 der
    7 der
    8 dem
    9 dem
   10 der

C 1 Ich hänge das Bild an die Wand
   2 Ich lege das Kissen auf das Sofa
   3 Ich stelle den Papierkorb unter den Tisch
   4 Ich stelle den Computer auf das Regal
   5 Ich stelle den Wecker auf das Schränkchen
   6 Ich stelle den Stuhl in den Garten
   7 Ich hänge den Mantel an die Tür
   8 Ich stelle den Kassettenrekorder auf das Schränkchen
   9 Ich werfe den Abfall auf den Boden

D 1 Er steht auf dem Regal
   2 Sie stellt ihn auf das Regal
   3 Sie hängen in dem Kleiderschrank
   4 Sie hängt sie in den Kleiderschrank
   5 Sie steht auf dem Tisch
   6 Sie stellt sie auf den Tisch
   7 Sie geht gern in den Grünburgpark
   8 Sie sitzt gern in dem Grünburgpark
   9 Er hängt an der Wand
  10 Sie hängt ihn an die Wand
  11 Sie stellt ihn unter das Bett
  12 Er liegt unter dem Bett
  13 Er arbeitet in einem Büro
  14 Er geht in das Büro

5.5

A			B				
1	des Streiks		1	der	11	dem
2	der Mittagspause		2	meiner	12	der
3	des Lärms		3	meinen	13	des
4	eines Briefes		4	Monaten	14	Semesters
			5	einigen	15	seinem
			6	Wochen	16	meinem
			7	einem	17	meiner
			8	einer	18	den
			9	der	19	meinem
			10	unser		

5.6

1 Susans Bruder geht aufs Gymnasium
2 Roswitha stellt viele Sachen unters Bett
3 Ich laufe schnell zur Post und kaufe Briefmarken
4 Ich gehe zum Bahnhof und kaufe meine Fahrkarte
5 Im Theater spielt morgen abend Shakespeares „Hamlet"

5.7

A			B		
	1	hinaus		1	Wo ist das Buch? Dort (da) auf dem Tisch.
	2	herein		2	Ist Roswitha da? Ja, sie ist da (hier).
	3	hinauf		3	Hier (da) bin ich!
	4	herein		4	Wo ist der Drucker? Hier (da) unter dem Tisch.
	5	hinunter			
	6	hinaus			

5.8

1 Ich fahre gerne damit in die Stadt
2 Ich wohne bei ihr
3 Ich lege die Bücher darauf
4 Daneben steht der Papierkorb
5 Ich weiß nichts davon
6 Ich habe einen Brief von ihm

5.9

A			B		
	1	von der		1	an
	2	an das		2	von
	3	auf die		3	in
	4	auf seine		4	Während
	5	mit einer		5	von
	6	an ihre		6	zu
	7	auf den		7	bei
	8	um eine		8	ins
	9	für das		9	im
	10	um		10	in
	11	auf das		11	nach
				12	zum

6.1

A   1   In ganz Deutschland gibt es regionale Spezialitäten
        Regionale Spezialitäten gibt es in ganz Deutschland
    2   Mein Auto repariere ich selbst
    3   Meine Hosentasche flicke ich selbst
    4   Am liebsten esse ich Schokolade
        Ich esse am liebsten Schokolade
    5   Jeden Morgen fährt Hans mit seinem Auto von Usingen nach
        Frankfurt zur Arbeit
        Mit seinem Auto fährt Hans jeden Morgen von Usingen nach
        Frankfurt zur Arbeit
        Von Usingen fährt Hans jeden Morgen mit seinem Auto nach
        Frankfurt zur Arbeit
        Zur Arbeit fährt Hans jeden Morgen mit seinem Auto von
        Usingen nach Frankfurt

B   1   In Köln feiert man Karneval
    2   In Mainz feiert man Fastnacht
    3   In München feiert man Fasching
    4   Im Dreiländereck zwischen Freiburg, Basel und Straßburg feiert
        man Fasnet

C   1   Oft bekomme ich einen Brief mit einem Problem
    2   Meistens ist das nicht so einfach
    3   Zwischendurch klingelt das Telefon
    4   Dann unterbreche ich die Arbeit
    5   Danach beginne ich wieder von Anfang an
    6   Außerdem gibt es noch viele Probleme vom Vortag
    7   Am besten lege ich alle Probleme in den Aktenschrank
    8   Dann trinke ich eine Tasse Kaffee

6.2

A   1   Ich kann nächste Woche nach Frankfurt fahren
     2   Ich habe eine neue Jacke gekauft
     3   Er wird morgen nach Bad Dürkheim fahren
     4   Roswitha hat ein schönes Kostüm für die Fastnacht gekauft
     5   Stephan steht sehr früh auf
     6   Hans kann sehr viel von der Fastnacht erzählen
     7   Susan muß eine neue Bluse kaufen
     8   Roswitha möchte ihre Familie in Alzey besuchen
     9   Carla steigt in Frankfurt um
    10   Susan kann das Loch in der Hose flicken

B 1 Im Sommer gehe ich im See schwimmen
2 Im Winter laufe ich gern Ski
3 Meine Schwester geht jeden Sonntag im Reitstadion reiten
4 Wir gehen in ein sehr schönes Restaurant essen
5 Im Schwarzwald gehe ich gern spazieren
6 In der Turnhalle gehe ich ab und zu turnen
7 Wir spielen auf dem Sportplatz gern Tennis

6.3

A 1 Die Familie geht jeden Sonntag im Park spazieren
2 Abends sehen die Kinder fern
3 Wir kommen erst um 21 Uhr in Bad Dürkheim an
4 In Sachsen steht man sehr früh auf
5 Auf der Universität lernt man Studenten aus aller Welt kennen

B 1 The doctor writes me a prescription
2 That is not a mistake, I have only made a slip of the pen
3 The student copies the correct answer from his friend
4 The departmental manager signs the letter
5 The company has put the new project out to tender
6 We have been given new instructions
7 I sent the letter by registered mail
8 The mistakes were all attributed to the same man

C *Possible answers*
einen Koffer abgeben - to give up
angeben — to show off
Geld ausgeben - to spend money
sich begeben - to go somewhere
eine Idee eingeben - to give someone an idea
sich ergeben - to give up, to be sick
freigeben - to give time off
mitgeben - to give someone something to take with them
nachgeben- to give in
sich übergeben - to be sick, to surrender
umgeben - to surround
zugeben - to admit

D 1 erzählen   4 versuchen
2 entdecken   mißverstehen   5 empfiehlt
3 gehört   6 besucht

6.4

A 1 Ich fahre jeden Morgen um 7 Uhr mit dem Auto zur Arbeit
2 Die Fastnacht feiert man jedes Jahr in vielen Teilen Deutschlands
3 Hans frühstückt jeden Morgen um 8 Uhr zu Hause
4 Roswitha geht jeden Morgen um 8 Uhr zu Fuß zur Universität
5 Letztes Jahr bin ich mit dem Auto nach Deutschland gefahren
6 Samstags fahre ich gern mit meiner Familie nach Frankfurt einkaufen
7 Susan wird nächstes Jahr wieder nach Deutschland kommen
8 Der Zug kommt pünktlich auf Gleis 3 an
9 Nächste Woche fährt Stephan mit dem Auto nach Italien auf Urlaub
10 Carlas Mutter fährt schnell in die Stadt einkaufen

B 1 Sie schenkt ihrer Mutter ein Buch
   Sie schenkt ihr ein Buch
   Sie schenkt es ihrer Mutter
   Sie schenkt es ihr
2 Er zeigt Susan die Stadt Frankfurt
   Er zeigt ihr die Stadt Frankfurt
   Er zeigt sie Susan
   Er zeigt sie ihr
3 Sie schreibt ihren Eltern einen Brief
   Sie schreibt ihnen einen Brief
   Sie schreibt ihn ihren Eltern
   Sie schreibt ihn ihnen

6.5

A 1 Ißt man in England wirklich am Fastnachtsdienstag Pfannkuchen?
2 Ißt man in Thüringen wirklich Thüringer Klöße?
3 Ist am Aschermittwoch die Fastnacht wirklich vorbei?
4 Trinkt man in Bayern wirklich sehr viel Bier?
5 Fährt der Sonderzug Pappnase wirklich nur in der Karnevalszeit?
6 Feiert man in Südamerika wirklich auch den Karneval?
7 Gibt es am Rosenmontag wirklich einen großen Umzug in Köln?
8 Flickt Susan wirklich das Loch in der Hosentasche?
9 Bezahlen Roswitha und Susan wirklich ihr Bier selbst?
10 Nimmt Stephan wirklich nicht zu?

B. 1   Wie heißt der Zug?
    2   Wann fährt der Zug?
    3   Woher kommt der Zug?
    4   Wohin fährt der Zug?
    5   Was für ein Zug ist er?
    6   Wer führt den Hund spazieren?
    7   Wann führt Hans seinen Hund spazieren?
    8   Wo führt Hans den Hund spazieren?
    9   Wie lange führt Hans seinen Hund spazieren?

6.6

    1   Ich kaufe keine Schokolade
    2   Wir gehen morgen nicht
    3   Wir gehen morgen nicht in den Zoo
    4   Er wohnt nicht in Frankfurt
    5   Er hat kein Auto
    6   Er fährt nicht mit dem Auto in die Stadt
    7   Hier darf man nicht parken

7.1

    1   Ich habe viele Bücher gekauft
    2   Ich habe an der Humboldt-Universität studiert
    3   Ich habe Mathematik studiert
    4   Ich habe auch Russisch gelernt
    5   Ich habe auch in Berlin gewohnt
    6   Ich habe ein Zimmer in einem Studentenwohnheim gehabt
    7   Ich habe das Zimmer jede Woche aufgeräumt
    8   Die Fahrt mit der U-Bahn hat 20 Pfennig gekostet
    9   Ich habe viel gearbeitet
   10   Ich habe nicht viel über Politik gesagt

7.2

1   Susan hat zwei Wochen bei Carla gewohnt
2   Susan hat einen Brief an ihre Eltern geschrieben
3   Ich habe die U-Bahn an der Hauptwache genommen
4   Die Oma in Alzey hat trotz ihres Alters schwere Körbe gehoben
5   Stephan hat ein Zimmer in Frankfurt gemietet
6   Carla hat ihren Dosenöffner nicht gefunden
7   Auf der Geburtstagsfeier haben sie viel Wein getrunken
8   Stephan und Roswitha haben über die Vergangenheit gesprochen
9   Susan hat Stephan auf dem Campingplatz getroffen
10   Stephan hat lange geschlafen
11   Bei der Weinlese haben die Familienmitglieder geholfen
12   Der Film hat um acht Uhr begonnen

7.3

A			B		
1	ist	gefahren	1	hat	
2	ist	gegangen	2	ist	
3	ist	gewesen	3	hat	
4	ist	aufgestanden	4	habe	
5	ist	angekommen	5	ist	
6	bin	geblieben	6	ist	
7	ist	gekommen	7	hat	
8	bin	geblieben	8	ist	
			9	ist	
			10	hat	

C   Von Tschernobyl hast du bestimmt gehört. Aber kurz darauf ist in einem
Chemiewerk in der Schweiz ein Feuer ausgebrochen. Habt ihr davon in
euren Zeitungen gelesen? Viele chemische Giftstoffe sind in den Rhein
gekommen. Viele Fische sind gestorben. Man hat die toten Fische
aus dem Rhein gefischt. Alle haben sich fürchterlich über das Unglück
aufgeregt. Die Firma hat man später freigesprochen. Kurz darauf ist ein
anderes Unglück am Main passiert. Wieder sind viele Giftstoffe in den
Rhein geflossen. Früher ist der Rhein ein romantischer Fluß gewesen, aber
heute kann man ihn die Kloake Europas nennen, obwohl einiges jetzt wieder
besser ist als vor zehn Jahren. Vielleicht ist bei uns die Industrie zu
mächtig geworden.

7.4

A 1 Susan fuhr nach Frankfurt
2 Susan ging mit Hans ins Kino
3 Stephan war sehr fleißig
4 Roswitha stand um sieben Uhr auf
5 Der Bus kam um 17 Uhr am Hauptbahnhof an
6 Gestern abend blieb ich zu Hause
7 Stephan kam nach der Wende nach Frankfurt
8 Ich blieb nicht lange in der Disko

1 Susan trank auf der Geburtstagsfeier viel Wein
2 Susan fuhr nach Deutschland
3 Hans fuhr einen Opel
4 Ich machte einen Fehler
5 Der Chef flog von London nach Frankfurt
6 Hans blieb nach der Wende nicht lange in Berlin
7 Auf der Geburtstagsfeier tanzte Hans mit Susan
8 Hans war noch nie in England
9 Aber er flog einmal nach Amerika
10 Susan lernte schon als Baby schwimmen

B Wer gestern aus dem Fenster schaute, konnte am Wetter irre werden;
Schnee, Regen, dann wieder Sonnenschein. Drei Tage vor dem 1. Mai kam
der Winter noch einmal zurück. Selbst im Rheinland sanken die
Temperaturen wieder unter den Gefrierpunkt.
Allein die Autobahnwache Hagen registrierte innerhalb weniger Stunden elf
typische Winter-Unfälle. München versank in dichtem Schneetreiben.
Auch in England gab es zum Teil heftige Schneefälle. Im Schneesturm
stürzte eine Privatmaschine nördlich von London ab. Die vier Insassen aus
Holland kamen ums Leben. Südlich von Plymouth sank ein Fischkutter; ein
Flugzeugträger rettete die fünfköpfige Besatzung.

7.5 So schlecht war das Leben in der alten DDR auch nicht. Wir kannten keine
Arbeitslosen, wir hatten billige Grundlebensmittel und man konnte billig mit
dem Bus oder mit dem Zug fahren. Natürlich durften wir aber nicht reisen.
Das empfanden wir alle sehr negativ. Bücher waren billig. Man konnte halt
nur nicht alle Bücher kaufen. Ich studierte Mathematik, in naturwissenschaftlichen Fächern spürte man am wenigsten Politik. Wir diskutierten
natürlich auch politische Themen, aber eben nicht so viel wie in den
Geisteswissenschaften.

8.1

A   1   Ich will nach York gehen.
    2   Dort kann man auch Linguistik studieren
    3   Ich soll auch mit Computern arbeiten
    4   Ich muß tüchtig lernen
    5   Vielleicht kann ich auf dem Gebiet der Maschinenübersetzungen arbeiten
    6   Das soll sehr interessant sein
    7   Ich möchte nächstes Jahr wieder nach Deutschland kommen
    8   Ich kann vielleicht Übersetzerin werden
    9   Ich möchte für eine große Firma arbeiten
   10   Ich kann auch freiberuflich arbeiten

B   1   Er muß aber lernen
    2   Sie muß aber Briefe schreiben
    3   Wir müssen uns aber umweltfreundlich verhalten
    4   Du mußt aber eine Stelle finden
    5   Ihr müßt aber viel arbeiten
    6   Sie müssen sich aber Gedanken über die Zukunft machen

C   1   Ich konnte Deutschland besuchen
    2   Ich durfte ins Kino gehen
    3   Ich sollte mehr Grammatik lernen
    4   Er mußte seine Hausaufgaben machen
    5   Sie wollte ein neues Kleid kaufen

8.2

A   1   Roswitha schreibt an viele Firmen, um sich um eine Stelle zu bewerben
    2   Hans besucht Leipzig, um die Lage dort zu sehen
    3   Die Freunde treffen sich in Roswithas Zimmer, um miteinander zu sprechen
    4   Ich fliege nach Berlin, um schneller anzukommen
    5   Ich kaufe eine Zeitung, um sie im Flugzeug zu lesen
    6   Sie wählen zuerst 010 49 69, um Frankfurt direkt zu wählen
    7   Roswitha lernt viel, um ein gutes Examen zu machen
    8   Hans macht Überstunden, um Geld für seinen Urlaub zu sparen
    9   Die Freunde fahren nach Bad Dürkheim, um Susan den Wurstmarkt zu zeigen
   10   Hans trifft Carla auf der Hauptwache, um mit ihr ins Kino zu gehen

B 1 Die Nummer ist nicht im Telefonbuch zu finden
  2 Herr Beck ist unter einer anderen Nummer zu erreichen
  3 Das ist heute nicht zu machen
  4 Das ist nicht zu glauben

C 1 Hast du Lust, eine Radtour zu machen?
  2 Hast du Lust, auf den Wurstmarkt nach Bad Dürkheim zu fahren?
  3 Hast du Lust, heute abend ins Kino zu gehen?
  4 Hast du Lust, die Geburtstagsgeschenke aufzumachen?

8.3 *Possible answers*

1	möchte	4	will
2	will	5	möchte
3	wird	6	wird

8.4

A. 1 Ich würde in einem schönen Hotel wohnen
  2 Ich würde in der Sonne liegen
  3 Ich würde Moussaka essen und Wein trinken
  4 Ich würde eine Insel besuchen
  5 Ich würde alte Freunde treffen

B 1 Ich wünschte, ich wäre auf Urlaub
  2 Ich wünschte, ich hätte ein schönes Haus
  3 Ich wünschte, ich würde in der Sonne liegen
  4 Ich wünschte, ich würde viel essen und trinken
  5 Ich wünschte, ich könnte mitfahren
  6 Ich wünschte, ich würde am Strand stehen
  7 Ich wünschte, ich müßte nie nach Hause fahren

8.5

1 If she were ill I would have to come alone
2 If I had learned more at school I would be able to go to university now
3 If I were as hard working as my brother I could be an engineer
4 If I had known of the party then I would have come along
5 If he were not to come tomorrow we would have to celebrate
  without him
6 If only you were here we could celebrate together

9.1

A	1	sich	6	uns		B	1	sich
	2	mich	7	sich			2	sich
	3	sich	8	sich			3	uns
	4	sich	9	mir			4	uns
	5	euch	10	dir			5	uns

9.2

A 1 Viel Bier wird getrunken
2 Die Zeitung wird gelesen
3 Der Rock wird genäht
4 Ein Auto wird gemietet
5 Das Hotelzimmer wird reserviert
6 Ein Telegramm wird auch geschickt

B 1 Die Adresse wird auf den Umschlag geschrieben
2 Der Absender wird auf die Rückseite geschrieben
3 Der Brief wird in den Umschlag gesteckt
4 Er wird zum Briefkasten getragen
5 Er wird in den Briefkasten gesteckt
6 Alle Briefe werden vom Briefkasten abgeholt
7 Sie werden zur Post gefahren
8 Die Briefe werden dort automatisch sortiert
9 Die Briefe werden an den Zustellungsort geschickt
10 Sie werden ausgestellt
11 Mein Brief wird aus dem Briefkasten geholt
12 Der Brief wird gelesen und eine Antwort geschrieben

9.3

A 1 Am 26. Mai 1952 wurde die Grenze BRD-DDR abgeriegelt
2 Am 24. Juli 1952 wurden die fünf Länder in der DDR aufgelöst
3 Am 13. August 1961 wurde die Berliner Mauer gebaut
4 Am 2. Mai 1989 wurde begonnen, die Grenze Ungarn-Österreich abzubauen
5 Am 9. November 1989 wurden die Grenzen in Deutschland geöffnet
6 Am 1, Juli 1990 wurde die D-Mark in der DDR eingeführt
7 Am 3. Oktober 1990 wurde Deutschland wiedervereinigt

B 1 Neue Telefonanschlüsse wurden allmählich geschaffen
2 Die Arbeitslosen wurden allmählich wieder eingestellt
3 Die Häuser wurden allmählich repariert
4 Die staatlichen Firmen wurden allmählich privatisiert
5 Die Lehrer wurden allmählich umgeschult
6 Die Renten wurden allmählich erhöht
7 Die Arbeitszeit wurde allmählich angeglichen

C 1 wird ... angebaut   D 1 von meiner
2 wurden ... bearbeitet   2 mit der
3 wurden ... zerstört   3 mit
4 wurde ... angebaut   4 mit
5 wird ... abgefüllt   5 von
6 wird ... exportiert
7 wird ... getrunken
8 wurde ... ausgezeichnet
9 wird ... verkauft
10 wird ... produziert

9.4

A *Possible answers*
1 There was dancing until midnight
2 In England it's not done like that
3 It's time to go to sleep now
4 We'll have stew tomorrow
5 There were a lot of people in the street

B 1 Um 7 Uhr wird aufgestanden
2 Mein Frühstück wird gegessen
3 Es wird zur Arbeit gefahren
4 Die Post wird gelesen
5 Die Briefe werden diktiert
6 Um 12 Uhr wird Mittagspause gemacht
7 Es wird in ein Restaurant gegangen
8 Es wird gut gegessen
9 Ein Bericht wird geschrieben
10 Es wird nach Hause gegangen

9.5

A 1   Ich lasse den Automechaniker mein Auto reparieren
    2   Ich lasse den Elektriker unseren Toaster reparieren
    3   Ich lasse meine Schwester meinen Computer reparieren
    4   Ich lasse die Sekretärin den Brief schreiben
    5   Ich lasse den Maler das Zimmer tapezieren
    6   Ich lasse meine Mutter das Kleid nähen
    7   Ich lasse den Friseur die Haare schneiden
    8   Ich lasse meinen Sohn das Essen machen
    9   Ich lasse die Spülmaschine das Geschirr abwaschen
  10   Ich lasse den Gärtner den Rasen mähen
  11   Ich lasse den Klempner die Wasserleitung reparieren

B   *Possible answers*
    1   He kept me waiting
    2   That cannot be denied
    3   Leave me alone!
    4   The boss had the head of department called in
    5   I will not put up with that
    6   I'll have it brought at once

9.6

  1   Man sortiert die Post automatisch
  2   Hier darf man nicht rauchen
  3   Man verstaatlichte die Firma
  4   Man gliederte die Post in drei
  5   Man hat das System verbessert
  6   Man richtete 70 000 neue Telefonanschlüsse ein

10.1

A			B		
	1	warm			*Possible answers*
	2	laut		1	gelb
	3	klein		2	teuer
	4	dumm		3	unbequem
	5	froh		4	alt
	6	alt		5	laut
	7	langweilig		6	ungewohnt
	8	altmodisch			
	9	langsam			
	10	billig			

10.2

1	kalte	6	großen
2	roten	7	neue
3	Londoner	8	alten
4	alte nett	9	neue
5	alten	10	neuen

10.3

1	schicken	6	schönen modischen
2	schwarze roten	7	Elegante
3	schwarze	8	schöne neues
4	weißes	9	schönen neuen goldene
5	elegantes	10	schwarzen losen breiten

10.4

1	umfassende	4	führende
2	spielendes	5	gestohlenes
3	gekochtes	6	strahlend

10.5 *Possible answers*

1	gut	4	ruhig weiter
2	oft schnell	5	sehr
3	gern		

10.6

1 Das Auto ist schneller als die Straßenbahn, aber der Zug ist am schnellsten
2 Jazz ist besser als Popmusik, aber klassische Musik ist am besten
3 Der Praktikant ist fleißiger als ich, aber der Chef ist am fleißigsten
4 Die Alpen sind höher als der Westerwald, aber die Himalayas sind am höchsten
5 Elfriede ist älter als Hans, aber Oma ist am ältesten
6 Elfriede ist jünger als Oma, aber Hans ist am jüngsten
7 Das Frühjahr ist wärmer als der Winter, aber der Sommer ist am wärmsten
8 Eine Minute ist kürzer als eine Stunde, aber eine Sekunde ist am kürzesten
9 Das Christentum ist älter als der Islam, aber der Judaismus ist am ältesten

10   Hans schläft länger als Roswitha, aber Stephan schläft am längsten

11   Wurst schmeckt besser als Käse, aber Kuchen schmeckt am besten

12   Mit dem Zug fahren ist umweltfreundlicher als mit dem Auto, aber zu Fuß gehen ist am umweltfreundlichsten

10.7

A	1	„Der Alte" ist ein bekanntes deutsches Fernsehprogramm	C	1	alt
	2	Die Firma hat 200 Angestellte		2	Lange
	3	Er ist Angestellter bei Siemens		3	führende
	4	Sie hat mir etwas Interessantes erzählt		4	deutschen
	5	Mein Bekannter wohnt in München		5	größte
				6	deutsche
				7	ersten

B
1 neue   13 empfindlich   8 neue
2 schönes   14 breite   9 Weimarer
3 große   15 altmodisch   10 mittelalterlichen
4 vielen   16 enge   11 malerischen
5 schönen   17 schicke   12 Thüringer
6 verschiedene   18 teuer   13 schönsten
7 gelben   19 elegante   14 unverdorbenen
8 breiten   20 alt   15 ausgedehnten
9 enge   21 wohl   16 sprudelnden
10 schicke   22 alten   17 blühenden
11 elegantes   23 Neues
12 gelbe

11.1

1   Carla kommt nicht aus England, sondern sie kommt aus Deutschland

2   Meistens trinke ich Tee, aber manchmal trinke ich Kaffee

3   Ich kann das Kleid nicht kaufen, denn ich habe kein Geld

4   Stephan geht zu Fuß, denn er hat kein Auto

5   Sie sind nicht ins Kino gegangen, sondern haben einen Spaziergang gemacht

6   Trinken Sie ein Glas Bier, oder möchten Sie eine Tasse Kaffee

7   Er ist mit dem Taxi gefahren, denn er hatte keine Zeit

8   Ich habe eine Fahrkarte gekauft und bin nach München gefahren

9   Jeder möchte gerne lernen, denn jeder möchte beruflich weiterkommen

10   Mein Bruder hat einen praktischen Beruf gelernt und möchte jetzt studieren

11.2

A 1 Wir wissen schon, daß die Schule nicht weit vom Haus ist
2 Wir wissen schon, daß die erste Stunde um 7.50 Uhr beginnt
3 Wir wissen schon, daß sie nachmittags Schulaufgaben macht
4 Wir wissen schon, daß sie später eine Freundin besucht
5 Wir wissen schon, daß sie Musik hören
6 Wir wissen schon, daß sie abends meistens zu Hause bleibt
7 Wir wissen schon, daß sie selten Briefe schreibt

B 1 Wir kaufen dieses Kleid, weil es billig ist
2 Roswitha lernt viel, weil sie ein gutes Examen machen möchte
3 Wir können nicht ausgehen, weil wir kein Geld haben
4 Roswitha bewirbt sich um eine Stelle, weil sie einen Arbeitsplatz sucht
5 Stephans Bruder studiert, weil er seine Berufsaussichten verbessern möchte
6 Ich trinke viel Limonade, weil es sehr heiß ist
7 Roswitha fährt nach Alzey, weil sie ihre Eltern besuchen möchte
8 Stephan weiß vom Projekt bei Lucas, weil er es in der Zeitung gelesen hat
9 Stephan liest die Zeitung, weil er sich informieren möchte
10 Hans geht zu Fuß, weil das Auto in der Werkstatt ist

11.3

A 1 Die Bluse ist für ihre Schwester, die noch zur Schule geht
2 Die Flasche ist für ihren Vater, der gern Wein trinkt
3 Der Schal ist für ihre Oma, die fünfundsiebzig ist
4 Die Zigarren sind für ihren Onkel, der gern raucht
5 Die Schokolade ist für ihre kleine Schwester, die alles Süße ißt
6 Die Krawatte ist für ihren Vetter, der in Leicester wohnt
7 Der Teller ist für ihre Freundin, die nicht nach Deutschland fahren konnte
8 Das Plakat ist für die Deutschlehrerin, die sehr nett ist
9 Das Kuchenrezept ist für ihre Mutter, die gern Kuchen bäckt
10 Der Bierkrug ist für ihren Freund, der sie von der Schule abholt

B   1   die
    2   die
    3   das
    4   der
    5   die
    6   dem
    7   deren
    8   dessen
    9   deren
  10   den

C   1   Das Geld, das auf dem Tisch liegt, ist für die Miete
    2   Die Studenten, die an der Haltestelle stehen, warten auf die
        Straßenbahn
    3   Der Computer, den Roswitha gekauft hat, ist sehr modern
    4   Die Stereoanlage, die ich in einem Schaufenster gesehen habe,
        ist sehr teuer
    5   Die Wirtin, bei der Roswitha wohnt, ist sehr nett
    6   Der Mann, dessen Frau krank ist, tut mir leid
    7   Der Student, dessen Auto kaputt ist, ruft die Werkstatt an
    8   Meine Freunde, denen ich gestern geschrieben habe, wohnen
        in München
    9   Die Bücher, die ich mir geliehen habe, sind sehr interessant
  10   Die Engländerin, die bei unseren Freunden war, war sehr nett

11.4

    1   Ich weiß nicht, ob Hans eine Freundin hat
    2   Ich weiß nicht, wann der Film beginnt
    3   Ich weiß nicht, ob das eine positive Entwicklung ist
    4   Ich weiß nicht, wie hoch die Zugspitze ist
    5   Ich weiß nicht, wie alt Roswitha ist
    6   Ich weiß nicht, ob sie Geschwister hat
    7   Ich weiß nicht, wie lange sie schon studiert
    8   Ich weiß nicht, was Stephan später werden möchte
    9   Ich weiß nicht, ob Roswithas Eltern auch studiert haben
  10   Ich weiß nicht, wann Roswitha fertig wird

11.5

1 Obwohl Stephan nicht viel Zeit hat, geht er mit Roswitha in die Kneipe
2 Nachdem Susan gegessen hat, ruft sie ihre Eltern an
3 Weil der Wurstmarkt sehr bekannt ist, fahren die Studenten nach Bad Dürkheim
4 Als ich acht Jahre alt war, lernte ich Fahrrad fahren
5 Als ich 17 Jahre alt war, fuhr ich zum ersten Mal nach Deutschland
6 Weil Stefan sich informieren will, liest er viele Zeitungen
7 Weil die weiße Bluse so teuer ist, kauft Susan sie nicht
8 Daß jeder zweite 19- bis 64jährige Weiterbildungsabsichten hat, stand in der Zeitung
9 Wenn es sehr heiß ist, trinke ich viel Limonade
10 Daß es ein neues Projekt gibt, habe ich schon in der Zeitung gelesen

12.1

1 Sie sagt, daß man den Wald roden muß
2 Sie sagt, daß das Tierleben gefährdet wird
3 Sie sagt, daß die neue Straße direkt über den Wildpfad von Hirschen und Rehen führt
4 Sie sagt, daß der Staat einen Zuschuß bewilligt hat
5 Sie sagt, daß die Besiedlung des Berges das Wasser der Mineralquelle verunreinigt

12.2

A 1 Man müsse den Wald roden
2 Das Tierleben werde gefährdet
3 Die neue Straße führe direkt über den Wildpfad von Hirschen und Rehen
4 Der Staat habe einen Zuschuß bewilligt
5 Die Besiedlung des Berges verunreinige das Wasser der Mineralquelle

B   Ich war auf der Vorfahrtstraße. Plötzlich kam ein Auto aus der
        Seitenstraße. Es kann nicht gehalten haben, denn es kam zu schnell aus
        der Seitenstraße. Ich habe geschrien und auf die Bremse gedrückt, aber
        trotzdem bin ich auf das Auto geprallt. Dann lag ich auf der Straße. Der
        Autofahrer hat mitten auf der Straße angehalten. Ich war sehr schockiert
        und habe versucht, aufzustehen. Das Fahrrad war kaputt, das Auto hat
        nur Blechschäden erlitten.

12.3

1   Roswitha und Susan haben gesagt: „Wir gehen einkaufen".

2   Stephan hat gesagt: „Ich komme aus Sachsen und habe in
        Berlin studiert. Seit sechs Monaten wohne ich in Frankfurt. Ich
        arbeite an meiner Dissertation. Mein Bruder und meine
        Schwester studieren in Leipzig, aber sie kommen oft nach
        Frankfurt."

3   Der Chefarzt behauptete: „Der Berg ist die idealste Lage für die
        Klinik. Ich habe in einer ähnlichen Klinik in Österreich gearbeitet;
        dort sind die Patienten aus aller Welt sehr zufrieden gewesen.
        Die gute Luft und die Möglichkeit, Spaziergänge zu
        unternehmen, beschleunigen die Genesung der Patienten."

12.4

1   „Frau Meyer, bitte reservieren Sie die Hotelzimmer"

2   „Herr Reinhard, bitte unterschreiben Sie die Briefe"

3   „Fräulein Müller, bitte machen Sie die Post auf"

4   „Frau Neumann, bitte ordnen Sie die Akten ein"

5   „Frau Wilhelm, bitte sortieren Sie die Rechnungen"

Index